엄마가 부처다

Buddhism for mothers:

A calm approach to caring for yourself and your children

아이와 자신을 평온하게 돌보는 법

엄마가 **부처**다

새러 납달리 지음 | 노혜숙 옮김

아침이슬

차례

09 명상

10 마음수행

머리말

스물네 살 때, 나는 인도네시아 자카르타에서 영어 강사를 했다. 1991년 당시 자카르타는 울화가 치미는 일이 한두 가지가 아닌, 짜증 나는 도시였다. 시내는 수많은 사람들로 항상 북적거렸고, 몇 시간씩 매연을 들이마시며 차 안에 갇혀있기 일쑤일 정도로 교통이 매우 혼잡했다. 전화는 툭하면 불통이었고, 길거리는 외국인을 보면 귀찮게 들러붙는 잡상인, 걸인, 택시 기사, 그리고 구경꾼 들로 득실거렸다. 더구나 인구 천만의 대도시에 걸맞지 않게 하수도관이 그대로 드러나있었다. 처음에는 끊임없는 소란스러움과 이런저런 구경거리가 이 도시의 이국적인 매력으로 느껴졌지만, 흔히 그렇듯 갈수록 문화적 충격을 감당하기가 힘들어졌다.

국민 대다수가 이슬람교를 믿는 인도네시아에서 우연히 나는 가이 클랙스턴이라는 영국인이 쓴 『불교의 본질―불안한 세상을 사는 실용적 지혜 *The Heart of Buddhism―Practical Wisdom for an Agitated World*』라는 책을 읽게 되었다. 이전에는 한 번도 접해보지 못한 주제였다. 나는 곧 감명적인 글귀에 줄을 쳤고, 친구들에게도 권해서 같이 진지하게 토론하기도 했다. 그리고 생각이 날 때마다 꺼내보곤 했다.

처음 내 삶을 흔들어놓았던 불교의 가르침은, 우리 인간이 깊은 미몽속에서 살고 있다는 것이었다. 불교에서는 이 세상과 이 안에서 사는 사람의 본래 모습은 우리 눈에 보이는 것과는 다르다고 가르친다. 그런데도 우리는 엉뚱한 곳에서 행복을 잡으려고 애쓰며 헛되이 삶을 낭비하고 있다는 것이다. 나는 이 가르침을 문화적 충격으로 힘들어하던 내 자신에게 적용해보았다. 그러자 주변에서 일어나는 성가신 일들이 새롭게 보이며, 다른 방식으로 대처할 수 있게 되었다. 불쾌하게만 여겼던 사건들도 갑자기 깨달음을 얻을 수 있는 기회로 다가왔던 것이다.

불교는 우리에게 모든 감정과 생각과 믿음을 파악하고, 고통을 유발하는 잘못된 생각을 극복하라고 격려한다. 마음의 움직임을 파악할 수 있게 되면 삶의 내용을 변화시킬 힘이 생긴다. 붓다는 이를 이렇게 말씀하셨다.

생각이 사람을 만든다. 모든 것은 우리의 생각에서 비롯된다. 세상은 마음먹기에 달려있다.

불교의 가르침에 의하면 행복은 우리의 마음가짐에 달려있다. 신이 존재하지 않는 만큼 마음을 다스리고 세상을 변화시키는 책임은 우리 자신에게 있다는 뜻이다.

오랫동안 내가 불교에 대해 아는 지식이라고는 『불교의 본질』에서 읽은 것이 전부였다. 그러다가 좀 더 폭넓은 독서를 하기 시작했다. 처음에는 재미로 명상 기법들을 배워보기도 했지만 사실 내 마음을 끈 것은 수행보다는 불교 철학 쪽이었다. 그러나 불교는 단순히 철학에 그치는 게 아니었다. 진정한 불교는 따로 배워야 하는 것이라기보다는 우리 삶 속에서 매 순간 실천해야 하는 것이었다.

나는 20대에만 해도 눈을 감고 호흡에 집중하는 시간이 생산적인 것이 될 수 있으리라고는 생각지 못했다. 뭔가를 성취하고, 사람을 만나며, 능력을 계발하고, 신나게 즐기면서 살아야 한다고 생각했고, 그렇게 즐거운 시간을 보내기도 했다. 하지만 이제 와 뒤돌아보니 그동안 만났던 사람들과는 대부분 헤어졌고, 배운 것도 대부분 잊어버렸다. 결국 나는 불교 수행이 그 어떤 것보다 도움이 된다는 것을 알게 되었고, 지금 구도의 길을 가고 있다.

30대가 되어 아이를 낳고, 전혀 다른 삶을 살게 되면서 불교는 내게 더욱 중요하게 다가왔다. 나는 현명한 엄마가 되고 싶었지만 마음과는 달리 부끄러운 생각과 행동을 할 때가 많았다. 아이들을 위해서라도 나는 좀 더 인자하며, 인내심이 많고, 자비로우며, 긍정적인 사람이 되어야 했다. 단지 그렇게 되고 싶다는 바람만으로는 부족했고, 각오와 원칙이 필요했다.

그래서 좀 더 진지하게 수행에 임했지만 재택근무를 하는 엄마에게 그것이 쉽지만은 않은 일이었다. 한 달 내내 전혀 관심 없이 보낼 때도 있었으니 말이다. 그래도 나는 기회가 있을 때마다 명상을 했다. 조용한 수련원에 가서 정식으로 명상을 하고 싶은 마음이 간절했지만, 아이를 낳은 지 얼마 안 된 때라 따로 시간을 낼 여유가 없었다. 그러다 수행을 일상생활과 결합하면 효과가 더욱 확실하다는 것을 알게 되었고, 수시로 명상을 하는 가운데 점차 침착해지고 긍정적으로 변화되었다.

불교의 가르침 덕분에 세상을 새로운 눈으로 볼 수 있게 되자 삶이 훨씬 수월해졌다.

그러다가 둘째를 임신하게 되었다. 나는 기쁨과 안도감을 느끼는 동시에 눈앞이 캄캄해졌다. '호르몬에 의한 감정 기복'과 수면 부족에 시달리며 집 안에 갇혀 지낼 생각을 하니 끔찍했다. 나는 좌절감에 빠지지 않도록 정신적 준비를 하고 싶었다. 그래서 시간을 정해 명상을 하고, 법문을 들으며, 마음챙김과 측은심과 도덕심을 수행하기 위해 노력했다.

이 책의 초고는 임신 중에 완성했으나 분노에 대한 장은 둘째 아이를 낳은 후 육아가 얼마나 힘든지 뼈저리게 느끼면서 추가했다. 돌봐야 할 아이가 둘이 되자 나는 3년 6개월밖에 안 된 첫아이 자크에게 툭하면 화를 내곤 했다. 알렉스가 태어나기 전에는 자크에게 화를 낸 적이 별로 없었다. 짜증, 초조함, 실망감이 밀려올 때도 있었지만 야단을 치거나 매를 들 정도로 격한 분노에 사로잡히지는 않았다. 그런데 한번은 나도 모르게 울컥해서 자크의 허벅지를 꼬집고 말았다. 나는 아동 학대가 반드시 괴물들만 하는 것이 아니라는 사실에 경악했다. 분노가 내 수행의 중심 주제가 되어야 함을 절감했다. 하지만 그런 경험을 하는 것은 나뿐만이 아니었다. 내가 이야기해본 많은 엄마들이 같은 문제로 고민하고 있었다. 불교에서 분노는 백해무익한 것이므로 그 손아귀에서 자유로워져야 한다고 역설한다.

엄마가 되면 심리적으로 여러 가지 문제를 겪게 되지만, 대부분의 육아 서적은 아이를 키우느라 고생하는 엄마보다는 아이를 돌보는 방법에 초점이 맞추어져 있다. 엄마의 내면을 다룬 책은 엄마를 속수무책의 희생자로 묘사하는 데 그쳐, 우울한 보고서가 되곤 한다. 나는 엄마로서 느끼는 슬픔뿐 아니라 기쁨을 인정하는 책이 필요하다고 생각했다. 현실에 대처하는 유용한 기술뿐 아니라 더욱 깊은 차원에서 우리 삶을 회복해줄 수 있는 책 말이다.

대중적인 불교 서적은 엄마들의 특수한 상황에는 거의 관심이 없다. 그런 책은 주로 매일 명상을 하고 영적 공동체와 수련회에 참가할 수 있는 사람을 위한 것이었다. 또한 우리에게 귀감이 되는 불자들은 대개 독신자, 비구니, 승려, 세계일주 여행가, 유명인이다. 비록 그들에게서 많은 것을 배울 수 있다 하더라도, 그들은 매일 아이들과 씨름하는 엄마들과는 다르다.

이 책은 구체적인 육아법을 다루는 육아서가 아니라 엄마들의 마음 수행을 위한 책이다. 나는 엄마들이 불교 수행으로 자신의 내면과 다시 만나 좀 더 평온하고 행복해질 수 있도록 하기 위해 이 책을 썼다. 나는 불교를 믿는 수십 명의 엄마들에게 이런 질문을 했다.

"불교 수행이 엄마 역할을 하는 데 어떤 도움이 됩니까?"

그들이 가장 많이 하는 대답은 한마디로 '마음이 평온해진다'는 것이다. 마음이 평온해지면 좀 더 행복한 엄마가 되고, 엄마가 행복하면 가족 모두가 행복해진다.

이 책은 엄마들의 삶을 출발점으로 한다. 엄마들의 관심사는 무엇이고, 불교의 가르침은 이들에게 어떤 도움이 될 수 있는가? 나는 이 책에서 현재, 지금 이 순간에 충실한 삶의 방식이 엄마 자신과 자녀에게 어떤 도움을 주는지, 어떻게 하면 마음이 평온해지고 분노와 걱정을 다스릴 수 있는지 등을 다루었다. 또한 배우자, 친구, 친척은 물론, 자기 자신과의 관계를 개선하는 방법에 대해서도 이야기할 것이다.

덧붙여 내가 매우 평범한 여자라는 사실도 말해두고 싶다. 대부분의 불교 저자는 길게 누운 와불만큼이나 긴 자격증 목록이 있다. 간혹 깨달음에 이른 분도 있고, 그렇지 않더라도 대부분 오랜 수행으로 감동적인 가르침을 주는 스승이다. 반면에 나는 수련원에서 이틀 밤 이상을 지내본 적도 없고(그때도 두 아이를 데리고 갔다.), 한 시간 반 이상 명상을 해본 기억도 없다. 나는 항상 실수를 하고 끊임없이 스스로의 부족함을 깨닫지만, 불교 수행으로 내 삶이 몰라보게 개선되었다는 것은 말해두고 싶다.

평범한 나의 이야기로 일상의 구속 속에 살아야 하는 '보통' 엄마들이 자기 마음을 다스릴 수 있는 법을 배우길 바란다. 무엇보다 중요한 것은 다른 사람이 쓴 글이나 경전에 나오는 훌륭한 말씀이 아니라, 우리 각자의 경험이다. 우리가 살면서 배우는 것이야말로 가장 확실하고, 가장 유익한 교훈이다. 이것이 우리가 해야 하는 여행이다. 불교의 가르침은 이 여정에서 일어나는 일을 친절하게 설명해주고, 행복에 이르는 순탄한 길을 안내해줄 것이다.

01

불교와
마음공부

엄마는 가족을 뒷바라지하며, 베풀고 또 베풀어야 하기 때문에 수시로 자신을 재충
전하는 방법을 알아야 한다. 행복하고 현명한 엄마가 될 수 있는 유일한 길은 자기
내면을 돌보는 것이다. 붓다의 가르침은 엄마들이 불안한 감정과 생각을 다스리고
좀 더 평화롭고 행복하게 사는 지혜를 제공한다.

어린아이를 키우는 엄마는 고독하다. 엄마가 되면 정작 도움이 필요할 때, 의지할 수 있는 사람이 거의 없다. 아이가 없었을 때는 직장에 다니거나 뭔가를 배우면서 사람들과 함께 어울리고, 고민이 있으면 언제라도 친구를 만나 하소연하거나 농담이라도 나눌 수 있었다. 하지만, 아이를 낳는 순간, 엄마는 대부분의 시간을 집에서 보내야 한다. 어떤 때보다도 친구가 필요한데 말이다.

오랜 친구와 가족조차 도움이 되지 않을 수 있다. 이들에게는 아이가 없거나 있다고 해도 우리가 느끼는 문제를 이해하지 못하는 경우가 많다. 주변을 둘러보면 다른 집 아이들은 모두 잘 먹고, 잘 자고, 말썽도 부리지 않는 것 같다. 막상 친구나 가족에게 어떤 문제를 상의하려고 해도, 이들의 대꾸가 영 신통치 않다. 이들은 우리 이야기에 귀를 기울이기보다 자기 고민을 이야기하기 바쁘거나, 반갑지 않은 조언을 하거나, 화제를 다른 쪽으로 돌리곤 한다. 심지어 아이를 잘못 키우고 있다거나, 엄살을 부린다고 야단을 치기도 한다. 어쩌다 마음이 맞는 엄마를 만난다 해도, 아이들이 옆에서 방해를 하기 때문에 진지하게 대화하기가 어렵다.

그렇다면 평생 좋은 부모가 되기로 약속한 남편은 어떨까? 솔직히, 성자가 아닌 다음에야 아내가 겪는 심리적·육체적인 어려움을 완전히 이해하기 어렵다. 게다가 성자 남편을 둔 사람이 몇이나 되겠으며, 한발 양보해서 남편이 성자라고 해도 이들은 대부분의 시간을 직장에서 보내느라 육아 문제를 나누기가 어렵다.

그렇다. 엄마가 되면 새로운 형태의 '홀로서기'를 해야 한다. 행복하고 현명한 엄마가 될 수 있는 유일한 길은 자기 내면을 돌보는 것이다. 엄마는 가족을 뒷바라지하며, 베풀고 또 베풀어야 하기 때문에 수시로 자신을 재충전하는 방법을 알아야 한다. 붓다의 가르침은 엄마들이 불안한 감정과 생각을 다스리고 좀 더 평화롭고 행복하게 사는 지혜를 제공한다.

엄마들은 이미 두 가지 불교 교리를 이해하고 있기 때문에 특별히 불교의 가르침을 받을 준비가 되어 있다. 즉, 세상의 모든 엄마들은 삶에 고통이 있다는 것을 알고 있으며, 또한 진실한 사랑을 경험해보았다.

깨달은 사람, 붓다

'붓다'라는 말은 산스크리트어로 '깨달은 사람'이라는 뜻이다. 역사적으로 많은 불교 신자가 '깨달음'을 얻었는데, 이것은 과거 많은 붓다가 탄생했고, 앞으로도 탄생할 수 있다는 뜻이다. 하지만 우리가 흔히 말하는 붓다는 기원전 560년경 히말라야에서 태어난 고타마 싯다르타를 가리킨다. 싯다르타는 아버지가 당시 한 인도 왕국의 왕이었다는 사실 말고는 아무런 신성한 권능이 없었던 평범한 사람이었다.

싯다르타의 이야기는 그의 사후 몇 세기에 걸쳐 기록이 되었고, 많은 해석본이 존재하지만 불자들은 '정본正本'이 없다는 점에 개의치 않는다. 불교에서는 붓다에 대한 이야기보다는 고통과 불행에서 벗어날 수 있다는 그의 설법이 더 중요하기 때문이다.

우리가 흔히 알고 있는 붓다의 이야기는 다음과 같다.

싯다르타가 태어났을 때, 한 성자가 이 아이는 자라서 훗날 세계적인 지도자나 깨달음을 얻은 위대한 스승이 될 것이라고 예언했다. 싯다르타의 아버지는 아들이 지도자가 되기를 바랐기 때문에 바깥 세상을 경험하지 못하도록 궁정 담장 안에서 예술과 학문, 운동을 가르치는 등 심심하지 않게 지낼 수 있는 환경을 마련해주었다.

하지만 어느 날 하인들에게 담장 밖의 세상에 대한 이야기를 듣게 된 싯다르타는 바깥나들이를 시작했다. 싯다르타의 아버지는 가난한 사람들이 눈에 띄지 않도록 조처했지만 아들이 노인과 병자, 가족의 죽음을 슬퍼하는 사람을 만나게 되는 걸 막을 수는 없었다. 사람들이 고통 받는 모습을 보고 큰 충격을 받은 싯다르타는 고통의 원인과 이것을 극복하는 방법을 찾아야겠다고 마음먹게 되었다. 그리고 스물아홉이 되던 해, 답을 찾기 위해 궁정의 안락한 삶을 뒤로하고 길을 떠났다. 아내와 새로 태어난 아들 라훌라를 남겨둔 채였

다.(불자 사이에서 많은 논란이 일어나는 문제)

싯다르타는 6년간 온 세상을 방랑하며 답을 구했다. 금욕, 고행, 요가, 무아지경, 심오한 토론을 포함해서 온갖 수행법을 다 해봤고 마지막에는 금식까지 시도했다. 어느 날 더 이상 버틸 수 없을 정도로 쇠약해졌을 때, 그는 금식을 중단하고 보리수나무 아래 앉아 맹세했다.

'깨달음에 이르지 못하면 죽을 때까지 이곳을 떠나지 않겠다.'

그는 결국 삶의 본질에 대한 깨달음을 얻고 열반에 들었다. 그리고 남은 45년 동안 세상 사람의 고통을 덜어주기 위해 가르침을 전파하였다.

붓다는 수행으로 스스로 답을 발견했고, 모든 불자는 그와 같은 길을 가도록 부름을 받았다. 붓다는 죽기 전에 마지막으로 이런 말을 남겼다.

구세주는 저 밖에 있는 것이 아니다. 해탈에 이르는 것은 우리 자신에게 달려있다.

네 가지 거룩한 진리

붓다의 가르침은 네 가지 거룩한 진리, 즉 사성제四聖諦로 요약할 수 있다. 사성제는 불만족, 불완전함, 불안, 불편, 분노 등 우리를 괴롭히는 모든 고통에 대한 이야기다.

1. 삶은 고통이다.(고성제苦聖諦)
2. 고통의 원인은 집착이다.(집성제集聖諦)
3. 고통은 극복할 수 있다.(멸성제滅聖諦)
4. 고통을 극복하는 방법이 있다.(도성제道聖諦)

인간 세상의 모든 고통과 불만은 지금 당장 사라지지 않지만, 불교 수행으로 우리 삶을 개선할 수 있는 씨앗을 심을 수 있다.

삶은 고통이다─고성제

사성제 중 첫 번째는, 삶은 고통이라는 것이다. 붓다는 이를 둑카, 즉 '고苦'로 표현했는데, 이는 불만족이나 불완전함으로 해석할 수도 있다. 따라서 불교에서 말하는 첫 번째 거룩한 진리는, 우리의 삶은 본래 불만족스럽고 불완전하다는 것이다. 엄마가 되기 전에 이런 말을 들었다면 너무 비관적이라고 생각했을지도 모르지만, 임신과 출산, 육아를 경험하면 이 말이 그저 신파조의 투덜거림이 아니라는 것을 알게 된다.

엄마들은 세상살이가 결코 만만하지 않다는 것을 알고 있다. 책임질 일은 많은데 자신을 위한 시간은 거의 없다. 또 아이가 건강한지, 정상적인지, 냉정한 세상이 요구하는 것들을 따라갈 수 있을지도 걱정스럽다. 미처 처리하지 못한 다른 일에 대한 죄책감도 늘 따라다닌다. 직장을 다니거나 그만두는 문제로 고민하고, 깊어지는 주름살과 늘어지는 뱃살 때문에 초라함을 느끼기도 한다.

많은 엄마들이 아이를 키우는 처지가 되고 보니 저녁 뉴스를 보는 마음이 달라지더라고 이야기한다. 엄마가 되면 세상의 고통에 훨씬 민감해진다. 범죄와 전쟁, 마약중독의 희생자도 누군가의 귀한 자식이라는 것을 생각하면 안타깝고, 유괴나 아동 학대, 자살에 대한 보도를 들으면 아연실색하며, 죽음이나 상실의 고통이 가정을 위협하고 있다는 것에 두려움을 느낀다. 이런 반응은 삶의 고통과 불완전함에 대한 인식이 깊어졌다는 증거다.

우리가 이렇게 느끼는 원인 중의 하나는 세상 모든 것은 변한다, 즉 영원한 것은 아무것도 없다는 사실 때문이다. 불교에서는 이를 '무상無常'이라고 한다. 사람, 환경, 아주 작은 분자에 이르기까지 세상 모든 것은 변화하는 과정에 있으며, 확실한 것은 아무것도 없다. 따라서 우리는 어디에도 의지할 수 없다. 불교는 행복할 수 있다는 것을 부정하지는 않지만, 이것을 영원히 지킬 수 없음을 인정한다. 다른 모든 것이 그렇듯이 행복도 지나간다. 인간은 누구나 생로병사를 겪기 마련이다. 따라서 그런 피할 수 없는 일을 피하려 애쓰는 것은 헛된 시간 낭비일 뿐이다.

인생이 고통이라는 사실을 인정한다고 해도 고통을 곰곰 생각하고 싶은 사람은 없을 것이다. 하지만 다행히 붓다는 나머지 세 가지 진리를 통해 삶을 지혜롭게 살 수 있는 가르침을 전해준다. 불교의 가르침은 다음과 같은 붓다의 말로 요약할 수 있다.

나의 가르침은 고통을 극복할 수 있다는 것과 고통을 극복하는 방법에 대한 것이다.

아이를 사랑하는 마음이 자비심이다

엄마들이 불교의 가르침을 배울 준비가 되어 있는 두 번째 이유는, 불교에서 말하는 '자비심'을 향해 이미 커다란 발걸음을 내디뎠기 때문이다. 알다시피 엄마들은 고단한 삶을 살아야 하지만 사랑의 마음이 확장되는 경험을 한다.

아이에 대한 엄마의 사랑은 그 어떤 사랑보다 진실하다. 우리는 아이를 사랑하면서 비로소 진정한 사랑과 헌신, 인내와 용서를 배운다. 사랑은 무조건적이고, 비판하지 않으며, 대가를 바라지 않는 것임도 알게 된다. 물론 아이 때문에 속이 상하고 원망스러울 때도 있지만 압도적인 감정은 사랑이다. 한 엄마는 이렇게 표현했다.

아이를 키우면서 예전에 경험했던 모든 사랑(특히 이성 관계에서)이 이기적이었다는 것을 알았어요. 나는 사람을 만날 때마다 이 사람이 나에게 어떤 이득을 줄지만 생각했지요. 그리고 만일 내 기대에 어그러지면 좋아하는 감정이 싹 사라져버렸어요. 하지만 지금은 딸아이가 하루에도 몇 번씩 나를 지옥으로 데리고 갔다 오는데도 사랑하는 마음이 끊이지 않아요.

아이에 대한 사랑은 우리에게 기쁨과 환희, 행복을 준다. 더욱 고무적인 현상은 그 마음을 통해 다른 사람들 더욱 사랑할 수 있게 된다는 것이다. 우리는 아이를 사랑하면서 배운 것을 다른 사람과의 관계에 적용할 수 있다. 많은 엄마가 스스로 이것을 깨닫는다. 사람은 누구나 엄마의 사랑을 받는 귀한 아기로 태어난다는 것을 깨닫고, 모두에게 연민을 느끼게 되는 것이다. 그리고 퉁명스러운 점원이나 난폭한 운전자, 가난한 친척을 너그럽게 대할 수 있는 능력을 발견하게 된다.

언젠가 자비에 대한 불교 법문을 들은 적이 있는데, 강사는 진정한 사랑의 예로 엄마의 사랑을 이야기했다. 그리고 이 사랑이 얼마나 많은 혜택을 가져다주고 어떻게 우리를 바르게 행동하도록 하는지를 설명했다. 나 자신이 엄마가 되었던 직접 체험을 통해 이 가르침에 완전히 공감할 수 있었다.

내 경험상 엄마가 되면 삶은 두 배로 더 힘들어진다. 하지만 그만큼 더 즐거워진다. 고통과 불만족도 있지만, 사랑이 우리를 구원해주기 때문이다.

먼저 자신에게 관대해지자

불교의 가르침을 배우면 좋은 또 다른 이유는, 엄마들이 종종 자신을 너무 가혹하게 대하기 때문이다. 많은 엄마가 자기 역할에 최선을 다하면서도 완벽하지 못하다며 죄책감을 느낀다. 우리는 완벽한 엄마, 완벽한 배우자, 완벽한 친척, 완벽한 친구, 완벽한 직원, 완벽한 가정주부, 완벽한 시민이 되지 못해서, 혹은 완벽하게 다이어트를 하지 못해서 죄책감을 느낀다. 그래서 어느 때보다 도움과 연민이 필요한 순간에 다른 사람에게는 절대 할 수 없는 방식으로 자기 자신을 모질게 꾸짖는다.

불교는 살아있는 모든 존재에게 연민을 가지라고 가르친다. 물론 거기에는 자신에 대한 연민도 포함된다. 불교의 가르침은 우리에게 높은 행동 기준을 요구하지만, 그렇다고 그것이 죄책감으로 기운을 허비하라는 뜻은 아니다. 자책은 아무 도움이 되지 않는다. 현명하지 못한 생각과 행동을 하게 될 때는 그것이 무의식적으로 지속되게 내버려두지 말고, 그것을 자각하고 주목하는 것이 필요하다. 우선은 마음속에서 무슨 일이 일어나고 있는지 분명히 살펴보는 것이 중요하다. 그러고 나면 더욱 건강한 마음가짐을 갖는 것이 가능하다.

언젠가 어떤 명상 스승이 이런 조언을 했다.

"명상을 하는 동안 마음이 방황하더라도 실망할 필요는 없습니다. 천천히, 느긋하게, 꾸준히 접근하십시오."

나는 이 말을 기억했다가 실제로 명상과 일상생활에 적용했다. 홀로 설 수 있는 힘을 기르려면 우선 자기 자신이 스스로에게 가장 좋은 친구가 되어야 한다. 뭔가가 마음먹은 대로 되지 않을 때는 자신을 다그치지 말고 천천히, 느긋하게, 꾸준히 접근하는 것이 좋다는 것을 기억하자. 한 엄마는 이렇게 이야기했다.

불교가 주는 가장 위대한 선물 중의 하나는 우리 자신에 대한 인내심과 연민을 강조한 것이라고 생각해요. 독실한 가톨릭 가정에서 성장한 나는 10대 시절 늘 죄책감에 시달렸어요. 아무리 노력해도 죄를 지을 수밖에 없었고, 결국은 나 자신을 혐오하게 되었지요. 하지만 불교는 나의 약점을 좀 더 깊이 파악하라고 해요. 약점을 발견하는 즉시 억누르는 대신에 약점이 어디에서 오는 것이고, 또 원인은 무엇인지를 파악해야만 했죠.

예를 들어, 나를 괴롭히는 약점 중 하나는 다른 사람을 비난하는 거였어요. 불교는 우선, 내가 비난하고 있다는 것과 그 뒤에 숨어있는 생각의 과정, 이런 생각이 내 몸과 마음에 끼치는 영향을 파악할 수 있다면 다른 사람에게 좀 더 관대해질 수 있다는 것을 가르쳐주었죠. 자신에게 화를 내거나 죄책감을 느낄 필요가 없는 거예요. 자신을 좀 더 이해하며, 참고, 용서하는 법을 배우게 되었어요. 그러자 내 약점을 훨씬 더 효과적으로 다스릴 수 있게 되었죠.

나는 우리 아이들에게 자비롭고 관대한 마음으로 사는 법을 가르칩니다. 그리고 나 자신을 위해서도 이러한 마음으로 살도록 애쓰죠.

행복한 엄마의 길

삶이 주는 모든 것을 평온하고 침착하게 받아들이는 엄마를 상상해 보자. 엄마는 예기치 못한 일이나 원하지 않는 일이 일어나도 당황하거나 화를 내지 않는다. 가끔 지혜나 연민이 부족한 자신을 느끼지만 죄책감으로 몇 날 며칠을 허비하기보다는 다음에는 좀 더 잘해야겠다고 마음먹는다. 그녀는 늘 있는 그대로의 자신을 파악한다. 단점도 있지만 자신을 진정으로 사랑하기 때문에 다른 사람과 이야기할 때 수줍어하거나 자아도취에 빠지지 않는다. 친구들은 그녀가 정말 온화하고 자비롭다고 말한다. 형제들은 그녀가 생각이 분명하며 올바른 결정을 한다고 말한다. 그녀는 타인을 편안하고 특별하게 느끼도록 해주므로 많은 사람이 그녀를 사랑한다. 아이들은 엄마가 자기를 존중하고 이해해준다고 생각하고, 함께 대화하는 것을 좋아한다. 또 무엇을 하든, 해야 하는 일이라기보다는 즐거운 놀이로 생각하기 때문에 자발적이고 창의적으로 문제를 해결한다.

불교는 우리를 더욱 행복한 엄마로 만들어준다. 시간이 걸리기는 하지만 스스로에게 인내와 연민을 갖고(자책과 죄책감에 반대되는) 수행을 해나가다 보면 행복을 향해 조금씩 다가가고 있음을 알게 된다. 불교는 완벽한 엄마를 획일적으로 대량생산하는 것이 아니라, 각각의 엄마가 다양한 방식으로 행복을 추구할 수 있도록 도와준다.

불자 엄마들의 이야기

불교 수행으로 인한 가장 큰 변화는 지금 이 순간에 충실하게 된다는 것이다. 불교는, 삶은 매 순간 펼쳐지는 것이므로 다른 곳에 정신을 팔지 말고 현재에 있으라고 가르친다. 이 개념에 대해서는 다음 장에서 좀 더 깊이 얘기하기로 하고, 우선 불교의 가르침이 일상생활에서 어떤 효과가 있는지, 경험자의 이야기를 들어보자.

다음은 어린 두 딸을 키우는 앤의 이야기다.

불교는 아이 키우는 일을 수행 과정으로 생각할 수 있게 해줍니다. 지치고 힘들 때마다 육아는 가장 엄격한 수행이라는 생각을 다시 떠올리곤 하죠. 우리 아이들은 나에게 현재 순간에 충실하고, 다른 흥미롭고 자극적인 일에 대한 환상을 버리라고 가르치는 엄격한 스승입니다.

아이를 키우는 엄마는 마음속으로 끊임없이 자문해볼 필요가 있어요. '이 순간 나는 어떻게 해야 하는가?', '지금 여기서는 무엇이 중요한가?' 아이들을 돌보다 보면 가끔 딴생각에 빠질 때가 있는데, 그럴 때면 아이가 같은 질문을 반복해서 한다는 것을 알게 되었습니다. 그러면 나는 얼른 정신을 차리고, 현재로 와 아이에게 집중합니다. 불교의 가르침을 따르면 아이에게 건성으로 반응하지 않고, 현재 순간이 요구하는 것을 분명하게 인식하고, 의식적으로 보살필 수 있습니다.

불교 수행자들을 인터뷰한 내용을 엮은 비키 매켄지의 『왜 불교인가?—지혜를 구하는 서양인들 *Why Buddhism?—Westerners in Search of Wisdom*』이라는 책에서 미국인 선승인 이본느 랜드 역시 육아가 수행이 될 수 있다고 말한다.

명상은 육아에 도움이 되었다. 사실 이것은 아이들이 나보다 더 잘 알고 있었다. 한번은 학교 친구 집에 놀러간 딸아이가 "네 엄마는 왜 명상을 하시니?"라는 친구 엄마의 물음에 "글쎄요, 엄마는 명상을 하고 나면 더 친절해지고, 기분이 좋아지는 것 같아요."라고 대답했다고 한다. 명상을 시작하면서 오랜 잠에서 깨어난 것 같은 기분이 들었다. 그동안 얼마나 무의식적으로 행동하고 살았는지 깨닫기 시작했다. 또한 마음이 평온해졌다…….

나는 불교의 가르침과 달리 행동하는 것은, 어떤 면에서 사기꾼이나 다름없다고 생각했다. 그래서 아이들과의 관계를 내 마음 상태를 연구하고 자각을 키우는 기회로 삼으려고 노력했고, 이런 나의 마음가짐이 아이들에게 큰 영향을 준다는 것을 알게 되었다.

세 살과 다섯 살짜리 두 딸을 키우고 있는 멜리사. 그녀 역시 불교의 가르침으로 감정에 사로잡히지 않고, 생각을 지켜볼 수 있게 되었다.

이제 나는 마음이 하는 일을 좀 더 의식하게 되었다. 생각날 때마다 내 자신에게 어떤 이야기를 하고 있는지 자각하려고 한다. 이 일은 명상을 하면서 배운 집중력과 주의력을 요구한다.

요즘은 점차 머릿속 대화를 자각하는 능력이 생겨서 부정적인 생각을 잡아내려고 노력한다. 아이들이 힘들게 하는 날이면 내 생각의 많은 부분은 불평하면서 나 자신을 좌절 상태로 몰고 간다. 하지만 머릿속에서 생각이 오가는 과정을 자각할 수 있는 능력을 기르면 부정적인 생각을 극복하고, 고통에서 우리 자신을 구출할 수 있다.

이 예들을 보면, 아무리 힘든 일이 있어도 차분하고 분명하게 대처하면 좀 더 건설적으로 대처할 수 있음을 알 수 있다.

현명한 엄마가 되려면

개인적으로 나는 미래에 닥칠 시험, 특히 아이들의 사춘기를 대비해야겠다는 생각을 한다. 아이들이 비밀 이야기를 털어놓고 믿고 의지할 수 있는 친구가 되거나, 쓸데없는 간섭을 하지 않고 지켜보거나, 어떤 식으로든 도움을 줄 수 있으려면 나 자신이 먼저 내면의 힘을 길러야 한다. 대부분의 엄마와 마찬가지로, 나도 소중한 우리 아이들이 언젠가 고통을 받을 수도 있다고 생각하면 두려움이 앞선다. 울적한 날에는 아이들이 언젠가 고독, 좌절, 수치심으로 고통을 받을지도 모른다는 생각이 나를 괴롭힌다. 아이가 자살이라도 하면 그 슬픔을 이겨낼 수 있을까 하는 극단적인 상상을 하기도 한다.

어쨌든 아이들에게 도움을 주려면 내가 좀 더 현명해져야 한다. 그리고 아이들이 나를 존경할 수 있어야 나에게 조언을 구하고 싶은 마음이 들 것이다. 만일 내가 감정을 조절하지 못하거나 연민이 부족해 보이면 아이들이 나를 존경하기가 어려울 것이다. 완고하고 답답한 사람과 의논하고 싶지 않은 것은 너무도 당연하다. 불교의 가르침을 배우면, 우리 자신을 알고, 더욱 성숙한 인격을 갖출 수 있다. 또 아이들이 고민거리가 있을 때, 좀 더 쉽게 다가갈 수 있는 사람이 될 수 있다.

물론 부모가 아무리 잘해도 곁길로 빠지는 아이도 있을 수 있다. 하지만 현명한 부모가 옆에 있으면 아이가 힘든 시기를 좀 더 수월하게 지나갈 수 있다. 달라이 라마가 『붓다가 가는 길 *The Heart of Buddha's Path*』에서 말했듯이, "부모가 따뜻하고 평화롭고 침착한 사람이면 대개 아이들이 부모의 성품과 태도를 닮아간다."

고통의 원인은 욕망이다―집성제

엄마라면 대부분 불편하고 고통스러운 경험을 겪어봤으므로 삶이 고통이라는 첫 번째 진리는 비교적 수긍하기 쉽다. 두 번째 진리는, 더나아가 우리가 느끼는 고통과 불만족의 원인이 욕망이라고 말한다. 우리는 무수한 욕망 때문에 고통 받는 존재이다. 중요한 사람, 존경 받는 사람이 되고 싶어 하고, 돈을 벌고 싶어 하며, 끊임없이 즐거움을 추구한다. 그리고 원하는 목표를 이루면 만사형통할 것으로 믿는다. 멋지고 세련된 사람이 되기 위해, '저 위쪽' 또는 '저 밖', 여기가 아닌 어딘가로 가기 위해, 이런저런 잡동사니를 수집하면서 행복으로 가는 징검다리를 건너고 있다고 생각한다. 하지만 사실상 이런 욕망 때문에 지금 이 순간 행복할 수 있는 가능성을 놓치는 우를 범한다.

1982년에 달라이 라마에게 계를 받은 호주인 보살이며, 두 아이의 엄마이자, 『벌거벗은 붓다Naked Buddha』의 저자인 에이드리엔 호울리는 욕망과 관련해 아들과 나눈 대화를 들려주었다.

친정어머니는 누가 자신에게 무엇을 해주든지 만족할 줄 모르시는 분이다. 선물을 받으면 항상 뭔가가 마음에 들지 않는다고 트집을 잡는다. 어느 날 아들에게 외할머니는 자기가 무엇을 원하는지 모르는 것 같다고 말했더니 아들이 웃으면서 조용히 말했다.

"엄마가 할머니를 잘 모르는 거예요. 할머니는 자신이 원하는 것을 알고 계세요. 할머니는 모든 것을 갖고 싶어 하시는 거예요."

누구나 다소 탐욕스러운 면이 있지만, 어떤 사람은 원하는 것을 가질 수 없을 때 드러내고 화를 냄으로써 다른 사람까지 괴롭힌다.

욕망으로부터 자유로운 삶이 곧 노력이나 열망, 소망 없는 삶을 말하는 것은 아니다. 우리의 목표나 선택을 욕망이나 욕구의 충족으로 삼을 때, 고통은 시작된다. 우리는 행복해지기 위해서는 이런저런 것을 갖추어야 한다고 생각하고, 욕심을 부리다가 일이 마음대로 되지 않으면 안절부절못하고 좌절한다. 또 원하는 것이 이루어진다 해도 느끼는 행복은 잠시일 뿐, 곧장 또 다른 욕망으로 달려가기 바쁘다.

우리는 갖지 못한 것을 갈구하면서 고통 받지만 또한 뭔가에서 벗어나고 싶어 하는 욕망 때문에 고통스러워하기도 한다. 애착의 이면에 도사리고 있는 애증 또한 우리를 불행하게 만드는 요인이다. 특히 엄마들이 종종 이러한 갈등을 느낀다. 공원에서 놀던 아이가 집에 가지 않겠다고 떼를 쓴다. 엄마는 그곳에서 몇 시간을 보낸 듯 피곤하며, 춥고, 배가 고프다. 아이를 달래면서 짜증이 나고, 온몸에 힘이 빠진 엄마는 아이가 죽이고 싶도록 밉다.

이런 일도 있다. 며칠 동안 비가 내리는 가운데 잠을 충분히 못 잔 엄마는 몇 시간째 시끄러운 거실에 붙잡혀있다. 아이들은 싸우고 칭얼거리면서 저마다 끊임없이 뭔가를 주문한다. 그러다 한 아이가 주스를 엎지르자 엄마는 결국 참았던 분노를 터트린다. 그리고 걸레질을 하며 속으로 푸념을 한다. '아, 지긋지긋해. 애를 낳은 건 내 인생 최대의 실수였어.'

붓다는 우리가 집착하는 모든 것의 원인이 되는, 근본적 집착이 존재한다고 말했다. 만일 이 집착을 버릴 수 있다면 다른 집착은 저절로 사라진다는 것이다. 그것은 바로 견고하고 단절된, 일관된 자아ego가 존재한다는 믿음이다. 우리는 자아가 곧 자신이라고 생각하지만, 사실상 자아는 즐거움을 추구하고 고통은 피하는 나약한 이미지를 유지해서 우리를 평생 노예로 살게끔 할 뿐이다. 자아에 대한 깨우침이 우리 삶을 변화시키는 것은 뒤에서 탐구하겠다.

고통은 극복할 수 있다—멸성제

부정적인 마음 상태를 완전히 몰아내면 깨달음이 찾아온다. 그때 비로소 무지와 망상에서 벗어난다. 진리가 분명하게 보이고, 쾌락을 쫓거나 고통을 피하려 하지 않게 되며, 이기심이 극복되어 마음이 사랑으로 가득 채워진다. 선불교에서는 깨달음이 어떤 순간에도 찾아올 수 있다고 말하는 반면, 또 다른 종파에서는 깨달음에 도달하기 위해서는 몇 생이 걸리며, 몇 가지 단계를 거쳐야 한다고 주장한다. 하지만 대체로 깨달음은 말로 표현할 수 없으며 무지한 마음으로는 이해할 수 없는 것이라는 의견에는 동의한다. 또한 깨달음은 어떤 구세주나 도인이 나타나서 우리에게 준비가 되었다고 말해주는 것이 아니라, 우리 각자가 도달해야 하는 것이다.

붓다는 보리수나무 밑에서 명상을 하다가 깨달음을 얻었을 때, 이렇게 말했다.

모든 것이 아주 분명하게 보인다. 내 앞에 펼쳐진 경관이 한눈에 보인다. 내 손과 발, 발가락이 보이고 강의 기름진 흙냄새가 난다. 살아 있음의 오묘함과 경이로움을 느낀다. 더없이 경이롭다! 이 깨달음은 모든 사람의 본성이지만 깨달음이 부족하면 불행할 수밖에 없다.

명상을 하다보면 어렴풋이나마 깨달음을 언뜻 볼 수 있는데, 그러한 경험은 고도의 집중 상태에서 가능하며, 깨달음에 이르기 위해서는 오랜 세월이 걸린다.

고통에서 벗어나는 방법—도성제

네 번째 진리는 깨달음으로 가는 올바른 길을 가르쳐준다. 붓다는 고통과 불행에서 벗어나는 방법으로 여덟 가지 올바른 길, 팔정도八正道를 제시했다. 팔정도는 다음과 같이 지혜, 도덕, 수행의 세 부분으로 나누어 설명된다.

지혜
1. 올바른 견해(정견正見)
2. 올바른 생각(정사유正思惟)

도덕
3. 올바른 말(정어正語)
4. 올바른 행동(정업正業)
5. 올바른 생활(정명正明)

수행
6. 올바른 노력(정정진正精進)
7. 올바른 마음챙김(정념正念)
8. 올바른 집중(정정正靜)

올바른 견해는 세상의 본질을 이해하는 것이다. 특히 무상, 고통, 무아의 진리를 이해해야 한다. 올바른 생각은 진지한 자세로 불교를 수행하며, 자각을 높이고, 탐욕과 증오와 망상으로부터 마음을 정화하는 의지를 말한다.

올바른 말, 행동, 생활은 도덕의 기본이다. 연민, 자비, 정의로움을 보여주는 말과 행동, 생활을 해야 한다. 지혜로 가는 길은 도덕적 삶을 요구한다. 불교에서는 진실한 삶을 사는 사람만이 명상의 풍부한 열매를 맛볼 수 있다고 말한다.

올바른 노력, 올바른 마음챙김, 올바른 집중은 명상 수행과 관계가 있는데, 다음 장에서 설명하겠다.

02

마음챙김과
육아

우리는 종종 머릿속으로 딴생각을 하며 건성으로, 무심하게 기계처럼 움직이면서 하루하루를 보낸다. '올바른 마음챙김'은 지금 무슨 생각을 하고 있는지 알아차리는 것으로, 잡생각을 흘려보내고 지금 하는 일에 온전히 집중할 수 있게 한다. 마음챙김을 통해 우리는 아이와 보내는 소중한 시간을 다른 일에 정신이 팔려 허투루 흘려보내지 않고 부모라는 중요한 역할에 제대로 집중할 수 있다.

내가 하루 중 가장 좋아하는 시간은 일을 마치고 자크를 데리러 어린이집에 갈 때이다. 차에서 내려 어린이집을 향해 갈 때, 나를 보고 얼굴이 환하게 밝아진 아이가 달려와 품에 안길 것을 상상하면 가슴이 설렌다. 그 순간 내 마음은 완전히 현재에 몰입해 기쁨을 느낀다.

하지만 또 집에서 아이와 씨름을 하고 있노라면, 시간은 느릿느릿 지루하게 흘러가고, 어느덧 불안하고 초조하고 멍청해진다. 그런 상태에서는 아이가 얼마나 사랑스러운지, 어떤 재롱을 피우는지 눈에 들어오지 않는다. 그래도 나는 매 순간 아이가 변화하는 모습을 지켜보면서 엄마가 된 것이 더없이 흐뭇하고 만족스럽다. 아이는 축복이고, 특별한 선물이다.

만일 우리가 시시각각 과거를 돌아보고 미래를 계획하는 대신 현재를 완전히 인식하고, 그 순간이 요구하는 것을 알아차리는 법을 배운다면, 아이를 키우면서 더 많은 기쁨을 느끼는 것은 물론, 비할 바 없는 천상의 순간까지도 발견할 수 있을 것이다. 이것이 팔정도에서 말하는 올바른 마음챙김으로 고통에서 벗어나 행복으로 가는 길이다. 즉, '올바른 마음챙김'은 지금 무슨 생각을 하고 있는지 알아차리는 것으로, 그 생각을 주시하면 잡생각을 흘려보낼 수 있고, 지금 하는 일에 온전히 집중할 수 있게 된다.

우리는 종종 무심하게 기계처럼 움직이면서 하루하루를 보낸다. 머릿속으로 딴생각을 하며 건성으로 움직인다. 과거의 갈등과 상처를 떠올리며 후회하거나, 미래에 대한 환상과 공상에 빠지거나, 앞으로 해야 할 일이 무엇인지 생각한다. 그렇게 하루를 보내고 나면 십중팔구 그날 무슨 일을 했는지, 무슨 일이 있었는지 잘 생각나지 않는다. 그냥 어제와 같은 오늘일 뿐이다. 우리가 딴생각을 하는 사이에 아래 일들을 놓치고 지나가기 십상이다.

- 지금 하는 일에 초점을 맞춘다.
- 아이에게 귀를 기울인다.
- 음식을 맛있게 먹는다.
- 주변을 돌아본다.
- 몸에 긴장이 쌓이는 것을 느낀다.
- 우리가 느끼는 감정과 그 원인을 이해한다.

우리는 무의식적인 생각에 빠져 이처럼 많은 일을 놓치고 있다. 현재를 의식하는 것만으로도 사물의 본질을 이해할 수 있다. 마음챙김을 하면 희뿌연 망상의 구름을 통해 삶을 바라보는 우리의 시야가 밝아진다.

물론, 매 순간을 의식한다는 것은 무척 어려운 일이다. 마음은 변덕스러운 '원숭이 마음'처럼 과거와 미래를 오락가락하며, 하루에도 몇 번이고 엉뚱한 곳으로 쏠리기 때문이다. 우리가 딴생각을 하면서 무심코 지나칠 수 있는 것만큼이나 마음챙김은 무수히 많은 혜택을 가져다 준다.

자녀를 위한 마음챙김

우리는 부모라는 중요한 역할에 얼마나 제대로 집중하고 있을까? 다른 일에 정신이 팔려 아이와 보내는 소중한 시간을 놓치고 있는 것은 아닐까? 한 엄마는 육아에서 마음챙김이 얼마나 중요한지 다음과 같이 이야기했다.

나는 부모님과의 관계에서 불만과 혼란을 느끼며 자랐습니다. 사실 나를 키워주신 부모님께 무한히 감사하고 있으며, 그분들을 탓하고 싶은 마음은 없습니다. 하지만 우리 가족은 모두 다소 주의가 산만한 편입니다. 집중력이 부족해서 다른 사람 말에 귀를 기울이지 않기 때문에 서로를 잘 알지도, 이해하지도 못하죠. 어머니는 늘 옆에 계셨지만 내가 무슨 이야기를 꺼내면 중간에 화제를 돌리거나, 제대로 듣지 않고 건성으로 대답하시곤 했습니다. 부모님이 나를 방치한다고 생각하지는 않았지만, 제대로 된 관심과 이해를 받지 못하고 있다는 느낌은 지울 수 없었죠.

불교를 알아가면서 이 모든 문제가 마음챙김이 부족하기 때문이라는 것을 알게 되었습니다. 우리 가족은 서로에게 귀를 기울이지 않았고, 마음을 열고 관심과 인내심을 보여주지 않았죠. 나는 내가 그러한 경험을 했기 때문에 우리 아이들에게는 좀 더 현재 순간에 충실하려고 노력합니다. 아이들과 남편에게 오롯이 관심을 기울이고, 이들과 함께하는 시간을 만들어서 가족과의 '소중한 순간을 놓치지 않으려고' 노력합니다.

나 역시 마음챙김이 부족해서 현재 순간에서 자꾸 벗어나는 날이 있다. 그럴 땐 자크가 같은 말을 두세 번 반복해야 비로소 알아듣곤 한다. 아이는 이런 식으로 어른에게 무시를 당하면 스스로를 중요하지도 않고, 보이지도 않는 존재라고 느낄 수 있다. 요즘 나는 자크의 목소리를 마음챙김 수행을 위한 'ON' 스위치로 여긴다. 아이 아버지나 친구, 친척이 자크가 하는 말을 못 알아들으면 내가 나서서 "자크가 지금 뭘 물어보네요."라고 주의를 주는 때도 있다.

아이가 태어나 처음 미소를 짓고, 처음 말을 하고, 처음 학교에 입학하면서 우리는 특별한 기쁨을 느낀다. 하지만 서서히 이런저런 생각에 사로잡혀서 지금 이 순간을 즐길 수 있는 기쁨을 놓치곤 한다. 실제로 아이들과 함께 보내는 시간은 매 순간 특별하지만, 그 순간에 집중할수록 아이들과 함께하는 시간은 더욱 감사하고 즐거워진다.

현재에 집중하면 부주의로 인한 사건이 일어날 위험이 줄어들기 때문에 가정이 훨씬 안전해진다. 또, 한 엄마는 아이들이 무엇을 원하는지 좀 더 잘 알 수 있다고 이야기한다.

아이들에게 주의를 기울이지 않으면 엉뚱하게 반응할 수 있어요. 반면 그 순간을 깊이 들여다보면 내가 뭘 해야 하는지 알고, 필요한 도움을 줄 수 있습니다. 선불교에서 말하는 '초심'은 같은 행동을 반복하지 않고, 매 순간을 새로운 눈으로 보고 반응하는 것을 의미합니다. 그러한 마음가짐은 육아에 큰 도움이 됩니다. 우리 아이에게 맞는 방법이 다른 아이에게는 효과가 없을 수 있는 것과 마찬가지로, 오늘 효과적이었던 방법이 내일은 효과가 없을 수 있습니다. 그래서 나는 정확하게 매 순간 무엇이 요구되는지 알려고 노력합니다. 아이들은 예측할 수 없으므로 그 순간의 상황을 있는 그대로 보고 적절하게 반응해야 합니다.

또한 이 엄마는 마음챙김을 하면 아이를 좀 더 잘 이해하게 되고 지나친 기대를 하지 않을 수 있다고 지적한다.

나는 마음챙김을 통해 아이들을 있는 그대로 이해하고 도와주려고 노력합니다. 엄마의 기대와 두려움에서 벗어나 각자 나름대로 자유롭게 발전할 수 있도록 말이지요. 내 딸이 아픈 이를 돌보고, 동물을 사랑하며, 효심이 지극한, 철학적 발레리나가 되기를 바라는 것은 터무니없는 욕심이겠지요. 내가 원하는 것이 아니라, 아이의 관심에 귀를 기울이고, 아이가 원하는 목표를 성취하도록 도와주는 것이 중요합니다.

엄마 자신을 위한 마음챙김

우리는 마음챙김으로 자신을 좀 더 알 수 있을 뿐만 아니라, 아이들이 이런저런 방식으로 우리를 '성숙'하게 해준다는 것을 알게 된다. 한 엄마는 이야기한다.

현재 순간을 인식하면 자기 자신을 더 많이 알게 됩니다. 아이들과 보내는 시간도 배우고 성장하는 시간으로 만들 수 있지요. 종종 실수를 하기도 하지만 무언가 배운다는 사실에는 변함이 없습니다. 아이에게 화를 내거나 야단을 친 후에는 괴로운 감정에서 벗어나려고 다른 곳으로 관심을 돌리기보다는 그 순간을 깊이 들여다봅니다. 그리고 내가 무엇을 배워야 하고, 다음번에는 어떻게 반응하면 좋을지를 생각합니다. 또 내가 아이들에게 비현실적인 기대를 하는 것은 아닌지 반성하지요. 실제로 나는 '집은 항상 깨끗해야 한다.' 또는 '아이들은 항상 행복하고, 기분이 좋아야 한다.'는 등의 부질없는 생각을 갖고 있었거든요. 하지만 이제 편협한 마음을 버리고, 완벽하지 못한 것을 받아들여야 한다는 것을 알았습니다.

덧붙여 이 엄마는 현재에 전념하려고 노력하면서 타박상을 입는 일이 줄어들었다.

나는 항상 미래를 걱정하며 동분서주했습니다. 그래서 지금 하고 있는 일에 온전하게 집중을 하지 못했기 때문에 늘 뭔가에 부딪치거나 가구에 이마를 박거나 탁자에 엉덩이를 찧곤 했답니다. 그런데 그 순간, 즉 현재에 좀 더 주의를 기울이기 시작하자 다치는 일이 없어졌어요.

마음챙김은 감각, 감정, 인식, 가정, 경향을 포함해서 현재의 순간이 담고 있는 모든 것을 의식하는 것이다. 우울할 때 우리의 몸 상태를 의식하면 그 이유가 아이의 어떤 행동 때문이 아니라, 배가 고프다거나 목이 아프기 때문이라는 것을 알 수 있다. 또한 어떤 음식을 먹으면 활력이 생기는지, 어떤 자세가 가장 편안한지, 또는 운동을 하면 얼마나 기분이 좋아지는지 알게 되기 때문에 자신의 몸을 좀 더 잘 보살필 수 있다. 얕은 숨이나 가쁜 숨을 쉬고 있지는 않은가? 근육이 긴장하고 있는가? 긴장을 하고 있다면 어떤 신체 부위가 그렇고, 그 원인은 무엇인가? 지금 취하고 있는 자세는 어떤 마음 상태를 말하고 있는가?

흥미롭게도 우리가 어떤 대상에 대해 느끼는 불만을 깊이 들여다보면, 실제로 우리를 괴롭히는 원인은 따로 있다는 것을 알게 된다. 또 일시적으로 느끼는 감정에 사로잡혀있을 때, 우리는 핑계거리를 만들어내는 경향이 있다. 따라서 이러한 경향을 인식하면, 불만을 과장하지 않고 엉뚱하게 반응하지 않을 수 있다.

나는 저녁이 되면 종종 '아이를 보는 일은 나를 미치게 해. 도망치고 싶어. 이 생활은 정말 적응이 안 돼.'라는 생각이 든다. 그럴 때는 내가 일시적인 기분에 사로잡혀서 뭔가 화풀이할 대상을 찾고 있다는 것을 기억하면 도움이 된다. 기분이 가라앉는 것을 합리화하기 위해 문제를 만드는 것이다. 사실, 원인은 단지 저녁이 되면 혈당이 떨어지고 피곤해진다는 것에 있다. 그런 기분이 드는 것은 휴식이 필요하다는 신호일 뿐 아이들과는 상관없다. 아이를 낳기 전에도 일을 마치고 오면 우울한 기분이 되곤 했으니까. 만일 아이들에게서 도망치고 싶은 생각이 든다면 초콜릿을 먹는 것도 도움이 될 수 있다. 부정적인 감정에 휩싸일 때는 자신의 마음을 가만히 들여다보고 그 근본적인 원인을 찾아볼 필요가 있다.

또한 감정이 우리 몸에 어떤 영향을 주는지 생각해보자. 나는 아이들에게 화를 낼 때 얼굴을 찌푸리고, 오른쪽 어깨가 긴장하고, 호흡이 불규칙해진다. 몸이 이런 상태에 있음을 알아차리면 우선 몸의 긴장을 풀고 심호흡을 해서 어느 정도 감정을 다스릴 수 있다.

마음챙김을 하면 우리의 내면세계뿐 아니라 우리를 둘러싼 주변의 상황도 인식하게 된다. 피부에 와 닿는 공기, 발밑에서 부서지는 나뭇잎, 경치, 소리, 냄새……. 우리는 무심결에 많은 것을 놓치면서 살고 있다. 머리를 숙이고 생각에 빠져서 걸으면 우리의 인식 속에는 아무것도 들어오지 않는다. 종종 아이들이 뭔가를 가리키면 그제야 그것이 눈에 들어온다. 나도 주변의 아름다움을 그냥 지나치면서 살다가 의식적으로 주변을 인식하면서부터 새가 지저귀는 소리가 얼마나 구슬픈지 알게 되었다. 이제는 유모차를 밀고 가며 꽃, 나무, 바위, 색의 조화, 구름의 부드러운 움직임을 감상한다. 삶의 기쁨이 항상 크고 화려한 일에서 오는 것은 아니다.

마음챙김은 우리에게 기氣와 평온함, 통찰력을 줌으로써 삶을 더욱 풍요롭게 해준다.

기

현재의 순간과 그 순간이 요구하는 것에 초점을 맞추지 못하면 일상생활에서 많은 기를 낭비하게 된다. 영국에서 태어난 헬렌 잔다밋은 두 아이를 키우는 엄마로 방콕에 있는 국제불교명상센터에서 20년 이상 명상을 가르치고 있다. 그녀는 저서 『마음의 평화로 가는 길 *The Path to Peace Within*』에서 우리가 더 많은 기를 얻을 수 있는 방법을 은유적으로 설명하고 있다.

물이 가득 찬 그릇을 들고 있다고 하자. 만일 정신을 집중해서 조심스럽게 걸으면 물을 거의 흘리지 않을 것이다. 하지만 만일 아무렇게나 몸을 흔들면서 걸으면 많은 물을 흘리게 될 것이다.

마음챙김은 이처럼 기와 시간을 절약해준다. 뭔가를 할 때 의식을 집중하지 않으면 한 번에 할 수 있는 일을 몇 번씩 다시 해야 한다. 또는 물건을 어디에 두었는지, 왜 방에 들어왔는지, 자동차 문은 잠갔는지 기억이 나지 않고, 심지어는 대화를 하다가도 무슨 말을 하려고 했는지 잊어버리고 만다. 마음챙김은 방심한 마음을 일깨우고 명민함을 길러준다.

마음챙김은 여러 이유로 우리의 활력을 높여주는데, 특히 행복한 기분을 자주 들게 함으로써 무기력에서 벗어나 활발해질 수 있다. 명상을 할 때 경험하는 고요함도 기를 넣어, 명상을 하는 사람은 잠을 덜 자도 된다고 한다.

우리 몸이 매사에 어떻게 반응을 하는지 인식하면 기를 보존할 수 있다. 한 엄마는 이렇게 설명한다.

나는 생각날 때마다 내 몸이 어떻게 느끼는지를 의식하려고 합니다. 그리고 몸을 의식할 때마다 긴장을 감지하죠. 이렇게 수시로 긴장을 풀어주고, 편하게 있자고 스스로 환기시키면 하루를 마칠 때까지 피곤해지지 않고 활력을 유지할 수 있습니다.

또, 나는 얼굴 근육이 자주 경직되는 편인데, 이때마다 미소를 띠며 표정을 부드럽게 하려고 노력합니다. 이것은 대인관계에도 도움이 됩니다. 사람들은 딱딱하게 굳은 얼굴을 좋아하지 않으니까요.

평온함

우리는 명상과 마음챙김으로 끊임없는 생각과 걱정, 계획의 굴레에서 벗어나 정신적인 휴식을 취할 수 있다. 현재의 순간을 즐기지 못하게 방해하는 모든 잡념에서 벗어나게 되므로 행복감이 넘치는 경험을 자주 할 수 있다. '현재'를 보다 풍부하게 경험하게 된다.

명상으로 부정적인 감정을 다스리는 수행을 하면, 일상생활에서 그러한 능력을 십분 활용할 수 있다. 부정적 감정은 일시적이라는 것을 알고 거기 휘말리지 않게 되므로, 감정을 폭발하거나 억압하거나 성급하게 행동하지 않을 수 있다. 무엇보다 감정이 일어나는 시점을 알고, 반응을 하기 전에 멈추는 것이 필요하다. 감정을 인식하고 조절하면 평온한 마음을 유지할 수 있다.

도로에 차가 막혀서 화가 날 때는 그런 감정을 그대로 지켜보다가 끝내는 보내버리자. 아이가 칭얼거릴 때는 점점 화가 나는 것을 의식적으로 관찰하면서 감정에 휘말리지 않을 수 있는 방법을 찾아보자. 잠시 멈추어서 감정을 추스르면 좀 더 현명하고 신중한 반응을 할 수 있다.

오늘 나는 마음챙김을 수행한 덕분에 화를 내지 않을 수 있었다. 멀리서 친구들이 찾아왔는데, 열이 오른 아이가 울면서 안아달라고 졸랐다. 그 와중에 심통을 부리던 자크가 꼬마 손님에게 소리를 질렀고, 그 아이도 덩달아 화를 냈다. 또 배관공이 수돗물을 잠가버렸고, 우유도 떨어졌다.

나는 마음챙김을 하기로 마음먹고, 오전 내내 나의 내면세계를 관찰했다. 부정적 생각 위에 부정적 생각이 쌓이고(이건 아니다!⋯⋯이럴 줄 알았다니까!⋯⋯세상에 이럴 수가!) 부정적 감정 위에 부정적 감정이 쌓이는(좌절감, 분노, 오래된 원망) 것을 지켜보았다. 만일 그런 부정적인 감정에 휘말리면(지켜보는 것을 중지하고, 그 속으로 빠져들기 시작하면) 금방이라도 폭발할 것 같았다.(누군가를 패주게 될 것 같았다. 다만 배관공을 패는 일은 없기를 바랐다.) 나는 수시로 호흡을 가다듬으며 평정심을 유지하려고 노력했다.

그리고 나에겐 아주 분명한 선택이 있다는 것을 알았다. 이리저리 부딪치다가 결국 폭발할 것인가, 아니면 침착하고 느긋하게 대처할 것인가.(내일이 되면 이것은 아무런 문제가 되지 않을 것이다.) 결국 기의 허비를 멈추고 주어진 상황을 받아들이기로 하자 문제는 사라졌다. 항상 편안하고 느긋할 수 없는 게 엄마들의 일상이지만, 그래서 모든 순간이 수행의 기회가 될 수 있다. 선불교에서는 "온 세상이 약이다."라고 말한다. 우리는 모든 일에서 교훈을 얻을 수 있다. 마음챙김으로 부정적 마음 상태를 극복하고, 평정심을 찾는 방법에 대해서는 다음 장에서 좀 더 자세히 알아보겠다.

통찰력

이성적이고 합리적으로 생각하고 말한다고 해서 망상이나 잘못된 습관과 성향에서 벗어날 수 있는 것은 아니다. 우리는 문제가 생기면 토론을 해서 해결하려고 노력한다. 하지만 그런 방법이 통하지 않으면 어떻게 할까? 토론을 계속해도 해결책이 나오지 않는다면? 문제점에 대해 곰곰이 생각을 하면 할수록 점점 더 미궁 속으로 빠져드는 경우가 종종 있다. 이런 상황에서는 좀 더 강력한 뭔가가 필요하다.

우리에게는 통찰력, 즉 문제를 분명하게 볼 수 있는 능력이 필요하다. 만일 사물의 본질을 볼 수 있다면 통찰, 또는 깨달음은 자동적으로 일어날 것이다. 자기 패배적인 행동의 바탕에 잘못된 인식이 깔려있는 것을 알고 이해하면 행동도 따라서 변화하기 시작한다.

내가 만난 어느 엄마는 선불교 치료사에게 자신이 느끼는 죄책감에 대해 상담을 받았다. 그녀의 가장 큰 불만은 아이를 키우면서 인정을 받지 못하는 것이었는데, 그러면서도 약간의 관심과 찬사를 받고 싶어 하는 자신의 욕망을 창피하게 느꼈다. 치료사는 이성적인 토론보다 마음챙김 수행법을 이용해서 그녀가 좀 더 깊은 이해와 통찰력에 도달하도록 자극했다. 그녀는 이 과정을 이렇게 설명했다.

처음에는 사람들에게 인정받고 싶어 하는 욕망을 둘러싼 나의 복잡한 감정을 이야기했습니다. 치료사는 나에게 내면으로 깊이 들어가서 눈을 감고 몸의 감각과 호흡 등 현재 순간에 일어나고 있는 것에 집중하라고 하더군요. 그리고 자신이 하는 말을 들으면서 잠시 동안 앉아있으라고 했습니다.

그녀가 조용히 말했습니다.

"인정을 받는 것은 좋은 일입니다."

나는 조용히 앉아 이 말에 대해 생각하지 말고 그대로 마음속에 각인이 되도록 했습니다. 한 시간의 상담이 끝난 후에 나에게 남은 것은 "인정을 받는 것은 좋은 일이다."라는 말이었죠. 이 말은, 나를 드러내고 싶어 하는 욕망을 받아들이고 용서할 수 있게 해주었으므로, 커다란 위안이 되었습니다.

지금 이 순간을 살아라

우리 내면과 외부에서는 시시각각 수많은 일이 일어나기 때문에 뭔가를 기억하거나 집중해서 생각하기가 어렵다. 일상생활이나 명상을 할 때, 잡념이나 충동에 빠지면 의식적이 되지 못한다. 그리고 종종 쓸데없는 생각 때문에 내면의 드라마에 사로잡힌다. 불필요한 생각을 몰아내려면 인내심을 갖고 현재의 순간에 집중해야 한다. 아무 생각도 없는 좀비가 되라는 게 아니라, 무슨 일을 하고 있든 현재를 의식하라는 뜻이다. 그것만으로도 우리의 마음을 채우기에 충분하다.

마음챙김을 수행할 때는 사소한 움직임과 자세 하나하나가 모두 중요하다. 붓다의 말을 인용하면,

승려는 자신이 가고 있다는 것을 알고 있다. '나는 가고 있다.' 그는 자신이 서 있는 것을 알고 있다. '나는 서 있다.' 그는 자신이 앉아 있는 것을 알고 있다. '나는 앉아 있다.' 그는 자신이 누워 있는 것을 알고 있다. '나는 누워 있다.'

이 승려는 모든 것을 '인지'하고 있다. 우리가 지금 무엇을 하고 있는지 인지하는 것은 마음챙김을 유지하는 한 가지 방법이다. 이것은 마치 보조바퀴를 달고 자전거 타는 법을 배우는 것과 같아서 자꾸 하다 보면 언젠가 더 이상 보조바퀴가 필요하지 않게 된다.

현재 순간에 일어나는 일들을 의식할 때 좋다, 나쁘다, 유쾌하다, 불쾌하다고 판단하는 것은 피해야 한다. 산이 계절의 변화를 묵묵히 견디어내듯 진정한 불자라면 눈에 보이는 것에 의해 흔들리거나 흥분하지 않는 고요한 마음을 추구해야 한다. 의식하는 것에 대해 어떤 판단도 하지 않고 그대로 수용하면, 세상이 있는 그대로 보인다. 이것은 불자들이 매우 높이 평가하는 평정심의 결과다. 또한 의식하는 것에 대해 판단하지 않으면 자기비하와 죄책감을 느끼거나, 우리 자신을 부족하다고 느낄 필요가 없다.

우선 며칠 동안 평소처럼 생활하면서 현재에 의식을 집중하는 훈련을 해보자. 몸이 느끼는 것과 감정이 일어나고 사라지는 것을 지켜보자. 생각을 따라가지 말고 그대로 관찰해보는 것이다. 관찰자로서 자신의 생각을 지켜보면 우리가 하는 대부분의 생각이 별로 중요하지 않다는 걸 알 수 있을 것이고, 이것은 현재에 집중하는 데 도움이 된다. 물론, 처음에는 조금만 방심해도 생각이 과거와 미래를 수시로 오가며 현재를 벗어나려 할 것이다.

현재 순간에 의식을 집중하는 것은 대수롭지 않은 일 같지만 실제로는 오랫동안 계속하기가 무척 어렵다! 따라서 훈련을 통해 점차적으로 시간을 늘려가야 한다. 명상으로 마음챙김을 하려면 현재 순간의 어느 측면(보통 호흡)에 집중하는 연습을 한다. 그러다 보면 명상을 할 때뿐 아니라 먹고, 마시며, 기다리고, 쉬며, 대화하고, 일하면서 언제라도 마음챙김을 할 수 있다.

바쁜 생활 속에서 하는 마음챙김

갓난아기를 키우거나 아이들을 돌보면서 직장생활을 하는 엄마들은 잠이 부족하다. 여기에서는 시간이 부족하거나 시간에 쫓기는 엄마들에게 도움이 될 수 있는 마음챙김을 소개하겠다. 따로 시간을 내서 명상을 할 수 없다면, 일상생활 속에서 매 순간 마음챙김을 훈련해보자. 중요한 것은 마음챙김을 기억하는 것이다.

캘리포니아에서 명상을 가르치며 『살아있는 명상, 살아있는 깨달음 *Living Meditation, Living Insight*』을 저술한 틴틴 박사는 앉아서 명상을 하는 것은 응급처방에 불과하며, 생활 속에서 명상을 수행하는 것이 더 중요하다고 말한다. 명상이 바쁜 일상생활 속에서 실천하는 적극적인 '활동'이 되어야 한다는 뜻이다.

명상은 현재, 즉 인생의 부침 가운데, 다시 말해 갈등, 실망, 고뇌,

기쁨, 성취감, 스트레스 가운데 있는 것이다. 혼돈 속에서 마음챙김으로 평화를 발견하고, 고통을 극복하는 훈련을 하는 것이다.

그녀는 주변의 모든 자극을 이용해서 마음이 현재의 순간에 뿌리를 내리도록 하라고 제안한다.

생활 속에서 명상 수행을 할 때는 잡념이 생기면 휘말리거나 무시하기보다 그 잡념을 초점으로 삼아 마음챙김을 훈련할 수 있다.

12년 동안 동굴에서 명상을 하면서 보낸 영국인, 텐진 팔모 스님은 『눈 속의 동굴*Cave in the Snow*』이라는 책에서 누구에게나 명상을 할 수 있는 시간이 있다고 말한다.

명상은 복도를 걸어가면서, 컴퓨터 화면이 바뀌기를 기다리면서, 신호등 앞에 멈추어서, 줄을 서서, 화장실에서, 머리를 빗으면서도 할 수 있다. 어떤 판단도 하지 않고, 지금 이 자리에 있는 것이 명상이다.

그녀는 처음에는 차를 마시는 것처럼 매일 하는 일 중 하나를 선택해서 그것을 하는 동안 명상을 하라고 말한다.

현재 하와이 마우이에 있는 위빠사나 메타 재단의 이사인 카말라 마스터스도 자신의 스승에게 비슷한 조언을 들었다. 『통찰의 목소리 *Voices of Insight*』에서 카말라는 젊은 엄마로서 시간에 쫓겨 구도의 길을 가기가 쉽지 않았다고 말한다. 그녀는 혼자 세 아이를 키우며 두 가지 일도 병행하고 있었다. 하지만 포기하지 않고 집으로 스승을 초대해 생활 속에서 명상을 할 수 있는 방법을 배웠다. 우선, 설거지를 하면서 명상을 시작했다.

설거지를 하면서 손의 움직임, 따뜻하거나 차가운 물의 온도, 접시를 들고 비누칠을 하고 물로 헹구고 내려놓는 과정을 모두 인식한다. 다른 어떤 생각도 하지 말고 오로지 설거지에만 집중한다.

또한 명상 스승은 그녀가 하루에도 몇 번씩 현관을 들락거리는 것을 알고 말했다.

현관에 들어설 때마다 걸음을 옮기는 단순한 행위를 현재에 존재하는 기회로 이용한다. 걸음을 옮길 때마다 마음속으로 '걷는다, 걷는다, 걷는다.'를 되뇐다.

카말라는 이런 식으로 잠깐씩 명상을 하기 시작하면서 아이들과 좀 더 평온하게 지낼 수 있었다. 그리고 오래지 않아 마음챙김을 다른 집안일로 확대하였고, 수행이 많은 혜택을 준다는 것을 확인했다. 선불교는 수도원에서 허드렛일 돕는 것을 수행의 중요한 기회로 여기며, 어떤 곳에서는 가장 낮은 일이 가장 연장자에게 돌아간다.
다음은 일상생활 속에서 마음챙김을 수행하는 방법이다.

- 걸을 때 '나는 걷고 있다.'고 스스로에게 말하면서 발이 땅에 닿는 것을 느낀다.
- 집안일을 하면서 모든 사소한 부분까지 인식한다.
- 먹을 때 손의 움직임, 음식의 맛, 삼키고 소화하는 감각, 위 안에 음식이 들어가는 느낌을 인식한다.
- 은행이나 슈퍼마켓에서 줄을 서 기다릴 때도 몸이 느끼는 모든 감각을 의식한다. 긴장을 풀거나 자세를 고치거나 얼굴 표정을 부드럽게 한다.
- 어디에 있든지 주변 환경을 살핀다. 매일 자기가 사는 동네의 새로운 점을 찾아본다.
- 타인의 이야기에 귀를 기울이고, 말을 하기 전에 잠시 멈춘다.
- 가능한 한 자주, 어떤 판단도 하지 않고 생각이 전개되는 과정을 지켜본다.
- 기회가 있을 때마다 호흡을 가다듬어 마음을 편안하게 한다.
- 조용한 시간을 보낸다. 때로 자동차, 라디오, TV 또는 잡담에서 벗어나는 시간이 필요하다.

또한 내가 '1분 명상'이라고 부르는 방법을 추천하겠다. 아이들과 보내는 하루 가운데 1분은 완전히 나 자신을 위한 시간으로 한다. 종종 나는 이 시간을 이용해서 호흡명상을 하는데, 1분 동안 들숨과 날숨에 초점을 맞추는 것만으로도 놀라운 효과를 경험한다. 마음이 평온해지고, 생각이 긍정적으로 변한다. 신기하게 집중이 잘되지 않을 때도 변화가 일어난다. 잠깐 동안 하는 명상이지만 붓다의 고전적인 미소를 띠면 더 효과적이다.

　그리고 좀 더 형식적인 좌선명상에 시간을 내려고 노력한다. 둘째 아이가 태어난 지 얼마 안 되서 나는 이사와 집수리를 했고(남편의 아이디어였다!) 이 책 또한 끝내야 했다. 그래서 좀처럼 시간이 나지 않았지만 일주일에 몇 번 좌선명상을 했다. 대개는 아침 6시경에 아기에게 수유를 한 후 명상을 했지만, 거의 항상 집안일 때문에 중간에 그만두어야 했다. 그때 다행히 세 아이의 아버지인 티베트인 라마 초에닥이 한 말이 생각났다. 그는 수행과 육아는 하나가 되어야 한다고, 두 가지를 따로 해야 하는 것은 아니라고 말했다. 명상을 하고 있는데 아이가 울면 자연스럽게 그 순간이 요구하는 것에 따라 아이를 돌보면 된다. 그는 이렇게 말했다.

　　일상생활 속에서 수행을 하는 것이 정식 수행보다 더 중요하다. 석유는 채굴하는 곳에서 사용하는 것이 아니다.

　시간의 노예가 되면 '빨리 일을 끝내서' 뭔가를 축적하고 달성하겠다는 강박관념에 시달리게 된다. 그런 식으로 생활하면 결국 아이들을 우리 시간에 맞추고, 아이들의 요구를 무시하게 된다. 마음이 다른 곳에 가 있으므로 아이와 보내는 시간이 즐거울 수가 없다. 현재에 초점을 맞추면, 풍부한 가능성에 마음을 열고 단순하게 '존재'할 수 있다. 선스승이자 두 아이의 엄마인 수잔 머피는 마음챙김을 '시간의 손아귀'에서 빠져나오는 출구라고 말한다.

아이들은 끊임없이 현재의 순간과 즐거운 놀이 속으로 우리를 초대합니다. 하지만 우리가 온전히 현재에 머무를 준비가 되어있지 않다면 즐겁게 놀아줄 수 없겠죠. 현재에 충실할수록 아이와의 놀이는 점점 더 창의적이 됩니다.

아이와 함께 산책을 나가보세요. 동네 한 바퀴만 돌아도 구경하고, 설명하고, 질문할 거리들이 넘쳐납니다. 물웅덩이를 내려다보면 마치 거울처럼 보이죠. 그것은 거울일까요, 아니면 창문일까요? 그 웅덩이 안에 보이는 것은 이 세상일까요, 아니면 또 다른 세상일까요? 그것은 이 세상과는 다르게 보입니다.

딸아이가 다섯 살인가 여섯 살이었을 때 산책길에서 이끼를 볼 때마다 발길을 멈추고 그 작은 숲 속에서 어떤 요정이 사는지 상상해보았던 기억이 납니다. 작은 이끼들이 마치 요정 나라의 나무처럼 보였죠. 그때 산책은 아주 오래 걸렸지만 우리는 시간 가는 줄 몰랐습니다. 아이들은 시간을 잡아서 길게 늘이는 것 같습니다. 아이들은 째깍거리는 시간 속에서 살지 않습니다. 우리가 평소에 하는 목표 지향적인 행동을 잠시 접어두게 하지요. 그것은 특별한 선물이고, 가르침입니다.

업의 원리

아이들이 자라면 우리를 어떤 엄마라고 생각할까? 순교자라고? 참을성이 많다고? 괴팍하다고? 잔소리꾼이라고? 편안하다고? 우리의 말과 행동은 아이들에게 어떤 영향을 줄까? 우리는 아이들에게 어떤 본보기가 되고 있을까? 불교에서는 현재를 설명하려면 과거를 살펴보고, 미래를 알고 싶으면 현재를 보라고 이야기한다. 우리는 과거를 바꾸거나 미래를 움직일 수 없다. 오직 현재에만 영향을 미칠 수 있을 뿐이다. 따라서 우리의 인식을 현재에 투자해야 한다. 마음챙김이 중요한 것이다. 게다가 우리의 현재는, 우리 자신뿐 아니라 아이들의 미래에도 영향을 준다.

'업'이라고 하면 뭔가 신비롭고 미신적인 것을 생각하기 쉽지만, 업에 대한 붓다의 설명은 완벽하게 논리적이다. 업은 우주가 심판을 해서 악한 행동은 벌하고 선한 행동은 상을 주는 그런 것이 아니다. 업은 우리가 행동하고 생각하고 말하는 모든 것은 결과가 있다는 인과관계에 관한 것이다. 붓다는 말했다.

우리가 어디를 가든, 어디에 머물든,
우리가 하는 행동의 결과가 우리를 따라다닌다.

모든 현상은 서로 관계가 있다. 우리가 지금 하는 행동은 다음 행동에 영향을 준다. 그 어떤 일도 저절로 일어나지 않는다. 붓다는 업을 쌓는 데 생각이 중요하다는 것을 다음과 같은 시로 표현했다.

생각은 말로 드러난다.
말은 행동으로 드러난다.
행동은 습관으로 발전한다.

그리고 습관은 특성으로 굳어진다.
따라서 생각과 사고방식을 신중히 하라,
모든 존재에 대한 관심에서 탄생한
사랑을 갖고 생각하라.

당신의 어머니가 항상 친구를 도와주는 분이라고 생각해보자. 당신은 어머니를 보고 배운 대로 어려운 처지에 있는 친구를 도와준다. 그것은 어려운 일이 아니었고 기분도 좋아졌으므로 당신은 또 다른 친구를 도와준다. 얼마 후 점점 더 많은 친구를 도와주게 되고, 당신은 어느새 남을 도와주는 운명을 지닌 사람의 특성을 갖추게 된다.

또 다른 예로, 어떤 친척이 당신의 아이들을 비하하는 말을 했다고 하자. 그 말의 부당함과 거짓됨에 화가 난 당신은 펄쩍 뛰면서 아이들을 옹호했고, 당신과 그 친척 사이엔 팽팽한 긴장이 흐른다. 시간이 가면서 당신은 사소한 일에 툭하면 화를 내고, 점점 더 '방어적'이고 '다혈질'적인 성격으로 굳어진다. 그리고 이것은 당신이 평온해지고 행복해질 수 있는 기회뿐 아니라, 사람들이 당신을 바라보는 시선과 대하는 태도에 알게 모르게 영향을 준다.

위의 두 가지 예를 보면, 어떤 경험은 어떤 생각이나 감정으로 이어지고 결국 그에 따라 행동하게 된다는 것을 알 수 있다. 어떤 행동을 반복하면 그것은 얼마 안 가 습관으로 굳어진다. 습관은 성격을 형성하고, 성격은 운명을 결정한다. 이것이 업의 원리다.

업의 문제에서는 행동 자체보다 의도가 훨씬 더 중요하다. 죄책감이나 의무감으로 한 행동은 사랑과 관심으로 한 행동보다 가치가 훨씬 덜

하다. 붓다는 다른 사람을 사랑하고 배려하는 마음이 우리의 업에 가장 좋은 영향을 준다고 가르쳤다.

내 친구 로레인은 어느 주말 친구 집에서 지내며 매끼 식후 설거지를 도맡아 했다. 그리고 자신을 위해 좋은 업을 쌓고 있다고 느꼈다. 하지만 행동보다는 그 의도가 더 중요하다는 것을 알고 있었으므로 자신의 진심이 무엇인지 생각했다. 훌륭한 손님으로 보이기 위해, 친구에게 짐이 되기 싫어서, 양심에 꺼릴 것이 없도록 하기 위해서…… 이런 마음이 그녀의 의도였다. 또 친구가 이번 일을 기억했다가 다음에 은혜를 갚겠지 하는 마음도 있었다.

로레인은 자신의 행동이 순수한 선의에서 나온 것이 아니라는 것을 알고 창피해졌다. 그래서 그녀는 자신의 의도를 집주인을 향한 사랑과 자비심으로 바꾸는 자비명상을 했다. 무척 피곤할 텐데도 손님인 자신을 친절하게 배려해주는 친구 부부에게 감사했다. 그리고 그들이 행복하고 고통 받지 않기를 진심으로 기원했다.

일단 어떤 행동이 습관과 자동적인 반응으로 굳어지면 운명을 바꾸기가 쉽지 않다. 어떤 방식으로 행동할 때마다 그 행동에 점점 익숙해지기 때문에 되풀이할 가능성이 높아진다. 반복된 행동은 어느새 습관이 되고, 습관은 생활 방식이 된다.

나는 집 거실에 틀어박혀 지금 여기와 상관없는 일을 생각하며 초조해하곤 하는데, 문득 이런 식의 사고가 습관처럼 굳어지고 있음을 깨달았다.

'따분하다. 아이를 키우는 친구가 더 있었으면, 친구가 좀 더 가까이 살았으면, 남편이 빨리 집에 왔으면, 대체 기저귀가 얼마나 나오는 거야, 이제 더는 동화책을 읽어줄 수 없어, 공원에 가고 싶은 기분이 아니야, 케이크를 다 먹는 게 아니었어, 아이들이 빨리 컸으면, 집안일이 끝이 없네, 또 설거지가 쌓이는구나, 주스 좀 그만 달라고 해!'

만일 내가 이런 부정적인 생각에 굴복해 계속 생각을 이어나간다면, 주로 부정적인 면을 보는 쪽으로 성격이 굳어질 것이다. 그래서 나는 자기연민에 빠질 때마다 마음챙김 요가를 함으로써 기분전환을 한다. 아이들이 내 등을 타고 기어오르더라도 개의치 않고! 몸에 초점을 맞추고 심호흡과 함께 스트레칭을 하면, 금방 활력이 생기고 기분이 좋아진다. 그러면 갑자기 기운이 나서 아이들과 술래잡기를 하고, 유모차에서 먼지를 털어내고, 축구공을 찬다. 요가를 하면 잡념이 생길 때 의식을 다시 몸속으로 끌어올 수 있다. 이웃에 사는 요가 강사는 종종 아이들과 함께 뒹굴면서 신나게 노는데, 아이들과 함께하는 시간에서 즐거움을 찾는 것 같다. 그녀는 우리 몸이 원하는 것을 알고 움직이면 기운이 나고, 현재에 집중할 수 있다고 말한다.

업을 이해하면 미래가 우리 자신에게 달려있다는 것을 알게 된다. 우리는 지금까지 알고 있었던 것과 다른 사람이 될 수도 있고, 지금까지 살았던 것과 다른 방식으로 살 수도 있다. 어떤 사람이 되고 어떤 식으로 살 것인지는 우리 스스로 선택할 수 있지만, 우선 자신에게 어떤 습관이 있는지 알고 고쳐나가야 한다.

우리는 매 순간 남은 평생을 어떻게 살 것인지 선택하고 있다. 어떤 점이 부족하다고 부모나 환경, 사회제도를 탓하는 것은 어리석다. 우리는 최악의 상황에서도 어떻게 반응할 것인지 선택할 수 있다. 화를 낼 것인지, 용서할 것인지, 슬퍼할 것인지, 동정할 것인지……. 외부의 사건보다는 우리가 반응하는 방식이 훨씬 더 중요하다.

업의 원리는 현재 순간에 의식의 초점을 맞추라고 말한다. 우리가 좋은 업을 쌓을 수 있는 시간은 오로지 현재뿐이기 때문이다. 붓다는 이렇게 설명했다.

만일 그대가 미래에 어떤 삶을 살게 될지 알고 싶다면, 현재 어떻게 살고 있는지 돌아보라.

'어떻게 해야 지금 이 순간 최선을 다할 수 있는가?'라고 마음속으로 계속 질문하자. 마음을 수행함으로써 좋은 업을 쌓고 좀 더 행복해질 수 있다는 붓다의 위대한 희망의 메시지를 기억하자.

03

마음의
평화

아이를 키우는 엄마는 언제 무슨 일이 일어날지 몰라서 한시도 마음 편할 날이 없다. 아이는 난장판을 만들고, 떼를 쓰며, 변덕을 부리고, 위험한 장난을 한다. 이런 상황에서 좀 더 침착하게 반응하려면 안정과 통제, 질서에 대한 집착을 포기하고 끊임없이 변화하는 상황을 수용할 필요가 있다. 평정심을 가지면 투쟁을 멈추고 유연하게 대처할 수 있다.

종종 아이들이 마치 나를 무너뜨리려는 세상의 음모에 가담한 것처럼 느낄 때가 있다. 어떤 날은 아이들과 함께 있는 것이 마냥 즐겁지만, 어떤 날은 아이들이 시끄럽게 떠들며, 비디오를 계속 돌려보고, 끝없이 이거 해달라, 저거 해달라 하는 것이 짜증스럽기만 하다. 하지만 이런 날이 평정심을 기르기에 딱 좋은 기회이다. 아이들에게 시달리는 가운데서도 마음의 평정을 찾을 수 있다면, 그것이 진짜 고수이다.

많은 엄마가, 바쁜 집안일에 시달리며 직장 생활까지 하느라, 몸과 마음이 지칠 대로 지쳐 있다. 그러다 보니 지루함, 초조함, 허무함, 또는 절망과 같은 부정적인 마음 상태와 씨름하며 하루하루를 보내게 된다. 일과가 끝나고 아이들이 잠든 후에나 마음의 평화가 가능하다고 생각한다. 실제로 엄마들은 하루에 한 시간이라도 쉴 수 있으면 다행이다. 하지만 불교에서는 우리가 누구와, 무엇을 하든 평온할 수 있다고 말한다. 이 장에서는 부정적인 마음 상태, 특히 죄책감을 극복하고 마음의 평화를 찾는 방법에 대해 알아보겠다.

불교 수행으로 부정적인 마음 상태를 다스리는 과정은 천천히 조금씩 진행된다. 수행을 해본 엄마들은 전보다 좀 더 인내하고 평온해질 수 있었다고 말하지만, 그 변화는 하루아침에 일어나는 것이 아니다. 수행은 한 걸음 내딛었다가 두 걸음 물러설 수 있으며, 계속 앞으로만 나아갈 수 없다. 하지만 결국은 앞으로 나가게 된다.

내가 만나본 엄마들은 모두 가족의 호응이 없거나, 남편과 사이가 좋지 않거나, 자신을 위한 시간을 내지 못하거나, 잠이 부족하거나, 아이 걱정으로 마음 편할 날이 없었다. 연민을 받을 만한 자격이 충분한 사람이었다. 어떤 엄마도 예외가 아니다. 엄마들은 부정적인 감정이 들때, 자책하기보다 자신에 대한 연민과 인내심을 가질 필요가 있다. 우리가 겪는 고통과 시련을 연민하는 것이 세상을 연민하는 첫 걸음이다.

부정적 감정 다스리기

엄마들은 생소하고 불편한, 극단적 감정과 마음 상태를 겪을 수 있다. 『엄마가 되는 것에 대해 친구도 말해주지 않는 것 *Life After Birth, What even Your Friends Won't Tell You About Motherhood*』에서 케이트 피지스는 이렇게 쓰고 있다.

아이를 키우다보면 우리 자신도 어린 시절의 미성숙한 감정으로 돌아가게 된다. 강렬한 사랑, 희석되지 않은 증오와 분노, 극단적인 불안과 두려움을 느끼며, 감정이 극단으로 치달을 수 있다.

또한 엄마들은 아이들에게 도전을 격려하면서도 아이의 안전을 걱정할 수밖에 없다고 말한다. 게다가 아이들 때문에 생기는 감정뿐 아니라 엄마로서의 삶에 적응하며 느끼는 감정도 극복해야 한다. 아이를 낳기 전에 누렸던 비교적 자유로운 생활을 생각하면, 아이들을 위해 모든 것을 희생하고 사는 삶이 답답하게 느껴지기도 한다.

어떻게 하면 이런 복잡한 감정을 극복하고, 마음의 평화를 찾을 수 있을까?

다 지나가리라

지긋지긋하다, 막다른 골목에 있다, 더 이상 참을 수 없다, 어찌할 바를 모르겠다, 미칠 것 같다, 우울하다……. 엄마들은 이런 극단적인 감정에 빠질 수 있다.

내 경우에는 우울한 기분이 심각해지면, 그런 기분을 일반화하는 경향이 있다. '모든 것이 두렵다. 항상 그래 왔고 앞으로도 그럴 것이다. 모든 것이 내 잘못이다.'라는 생각이 든다. 기분이 좋아지면 왜 그런 바보 같은 생각을 했는지 이해할 수 없지만, 그 순간에는 정말 심각하다. 불교에서는 이런 감정은 일시적이며 조만간 지나갈 것이고, 얼마 후에는 다시 행복해질 수 있으므로 중요한 의미를 두지 말고 참고 견디라고 가르친다.

무상함을 이해하면 우리 아이들에게 큰 선물을 줄 수 있다. 아이들이 부정적인 감정을 경험할 때 어떤 감정을 느끼는지, 그 느낌이 어떻게 다른 감정으로 바뀌는지를 가르쳐줄 수 있기 때문이다. 아이에게 뜻밖에 만난 어두운 장소에 계속 붙들려 있어야 하는 것은 아니라고 이야기해줄 수 있다.

수업으로 여겨라

불교 신자인 조앤은 호주에 온 지 얼마 안 된 내 친구로 이민자들이 흔히 그렇듯이 첫해를 힘들게 보내고 있다. 변호사인 그녀는 남아공에 있을 때, 학대 받는 여성들을 위해 일했다. 얼마 전 특별히 힘든 주말을 보낸 조앤을 만난 적이 있다. 그녀는 남아공에서 변호사로 바쁘게 생활할 때보다 지금 엄마로 사는 삶이 훨씬 더 힘들다고 하소연했다.

우리 나라에서 살 때는 책을 쓰고, 억압받는 사람들을 변호하고, 태극권과 도자기 강좌를 들으러 다녔어. 하지만 이번 주말 내내 아픈 아이들을 데리고 병원을 찾아다니고, 집 안에 갇혀 아이들 이마를 닦아주다 보니 '내가 도대체 지금 뭐하고 있는 거지?'라는 생각이 들더라고. 엄마가 된 지 벌써 5년이 넘었지만 여전히 문화적 충격에서 헤어나지 못하고 있어.

조앤은 '세상 전체가 약'이라는 선불교의 가르침을 상기하며 마음을 달랬다. 우리는 주어진 상황에서 무엇을 배우고, 어떤 방법으로 우리 자신을 치유할 수 있는지 자문해볼 수 있다. 불교는 모든 상황을 철학적으로 생각하게 만들었고, 그녀는 나중에 다음과 같은 이메일을 보내왔다.

그동안 쌓아온 '명성'을 뒤로 하고, 새로운 나라에 온 내가, 지금 이 시간 집 안에 갇혀 자신이 누구인지조차 모르고 살고 있는 이유는 겸손함의 교훈을 배우라는 뜻인 것 같아. 아무도 알아주지 않는 일을 하며 보수도 받지 못하는 이 상황(집에서, 전업주부로, 한 남자에게 의지해서 사는)은 결코 내가 원했던 것은 아니지만, 과거의 나에서 미래의 나로 가는 중간에 있는 조용한 이 공간에 많은 선물이 있다는 걸 알게 됐어.

엄마로서의 삶은 우리 자신을 돌아보게 한다. 우리에게 정말 중요한 것이 무엇인지, 남은 평생을 어떻게 살 것인지 생각하게 한다. 또한 모든 가치관을 다시 재고해보면서(특히 아이를 키우는 문제에서) 생각이 많이 바뀐다. 엄마로 사는 삶이 고달프게 느껴질 때, 이 생에서 배우지 못한 교훈이 다음 생에서 배우게 될 바로 그 교훈이라는 불자들의 믿음에는 동의하지 않더라도, 최소한 그 고달픔을 훌륭한 학습 경험으로 껴안을 수 있다.

감정을 반갑게 맞이한다

잦은 감정의 기복을 견디고 살아남으려면 다가오는 여러 감정을 반갑게 맞이하는 것이 좋다. 불쾌한 감정이든 유쾌한 감정이든 피하거나 그냥 돌려보내지 말고, 모두 귀한 '손님'처럼 보살펴야 한다. 단, 감정에 지나치게 휘말리거나 너무 진지해지지 말고, 일정한 거리를 두는 게 좋다. "견딜 수 없다."고 말하지 말자. 참을 수 없는 감정이란 없다. 과거에도 그런 감정을 견뎌냈고, 앞으로도 얼마든지 견딜 수 있다. 또한 손님이 건네주는 악몽 같은 각본을 들고 미래로 가지 말고, 현재 순간에 머물러야 한다.

내가 아는 한 엄마는 부정적인 감정에 휩싸일 때면 집에 찾아온 손님에게 하는 것처럼 마음속으로 말한다. '아! 분노 씨. 어서 오세요.' 또는 '안녕하세요, 따분함 씨. 다시 오셨네요.' '오! 초조함 씨. 이번에는 당신 차례군요.' 그녀는 이렇게 인사를 하고, 뒤로 한 걸음 물러나 자신과 그 감정 사이에 거리를 둔다. 그녀는 감정을 손님으로 여기면 그 감정이 영원히 머물지 않는다는 사실을 잘 알고 있다.

감정을 무시하거나 피하면 우리 내면의 지혜와 만날 수 없다. 어떤 사람은 알코올, 약물, 쇼핑, 폭식, 분노에 의지해서 자신을 마비시키기도 한다. 그런 식으로 문제로부터 도피하는 것은 부정적인 마음 상태에 힘을 실어주는 결과가 되어 필요 이상의 피해를 입을 수 있다. 자각의 힘으로 우리 스스로 치유할 수 있는 기회를 놓치게 된다.

감정을 피하는 이유가 두려움 때문일 수도 있다. 과거에 감정을 제어하지 못했거나 엉뚱한 감정에 휘말렸던 고통스러운 기억이 있을지도 모른다. 하지만 불쾌한 방문객은 피해도 계속 찾아온다. 계속 도망 다니기보다는 맞아들이는 편이 좋은 결과를 낳을 수 있다.

우리가 증오, 고독, 혼란, 분노, 죄책감, 원망과 같은 감정을 좀 더 건강한 마음 상태로 변화시키기 위해서는, 우선 이런 감정을 인정하고 받아들여야 한다. 감정과 싸우거나 도망가거나 부정하지 않고, 있는 그대로 받아들이는 것이 지혜의 첫걸음이다. 또한 우리가 느끼는 감정을 충분히 경험해야만 다른 사람의 고통과 기쁨도 좀 더 깊이 이해할 수 있음을 기억하자.

감정을 자각하고 서술한다

어떤 감정을 마음챙김으로 의식하기 위해서는 한 걸음 뒤로 물러나서 그 감정을 지켜보아야 한다. 그러면 어떤 생각 때문에 어떤 기분이 되고, 몸이 어떻게 긴장하는지 알 수 있다. 한 엄마는 마음챙김 수행을 이렇게 설명한다.

아이들을 키우다 보면 내가 정말 하고 싶은 일을 못하고 있다는 생각 때문에 좌절감이 들곤 합니다. 불교 수행은 이런 좌절감을 극복하는 데 도움이 되죠. 어떤 감정을 억제하는 것이 아니라 그러한 감정이 주는 효과를 의식합니다. 즉, 나 자신에게 무슨 말을 하고 있는지, 어깨가 긴장을 하고 있는지, 얼굴을 찌푸리고 있는지, 가쁜 숨을 쉬고 있는지 알아차리는 거지요. 감정의 진행 과정을 지켜보면서 내 마음이 하는 말에 귀를 기울입니다. 그리고 편안하게 호흡을 하며, 미소를 짓고, 근육의 긴장을 풀어줍니다.

붓다가 '나는 앉아 있다', '나는 서 있다', '나는 누워 있다'라고 독백하는 승려의 예를 든 것처럼 우리는 어떤 감정을 느낄 때, '느낀다, 느낀다, 느낀다'라고 마음속으로 그 감정을 서술할 수 있다. 명상이나 일상생활 속에서 일어나는 감정을 확인하고 관찰을 계속하면 감정에 끌려다니는 승객이 아니라 운전사가 될 수 있다. 만일 긴장감을 느끼면 천천히 '긴장하고 있다, 긴장하고 있다, 긴장하고 있다.'라고 서술하면서 긴장을 풀어준다. 어떤 감정이 일어나면 천천히 반복해서 마음속으로 서술한다. '화가 난다, 화가 난다, 화가 난다.' 또는 '죄책감이 든다,

죄책감이 든다, 죄책감이 든다.' 일어나는 감정을 좋다 나쁘다 판단하지 말고, 감정이 일어나서 머물다가 사라지는 것을 그대로 지켜본다. 모든 감정은 결국 사라진다.

우리의 마음 상태를 계속해서 지켜보면 의식이 명료해지는 순간을 경험할 수 있다. 불교에서는 '멈추어서 자각한다'라고 표현하는데, 이것은 무엇보다 부정적인 마음 상태를 인식하고, 더욱 분명하고 건설적인 상태가 될 수 있음을 깨닫는 것이다. 부정적인 마음 상태가 상황 개선을 위한 노력에 방해가 됨을 알면, 즉시 훨씬 긍정적인 선택을 할 수 있다. 그 순간 현재 상황이 필요로 하는 것에 '눈을 뜨고' 미몽에서 깨어나는 것이다.

죄책감 해결하기

어떤 엄마는 늘 죄책감을 느낀다고 말한다. 특히 일하는 엄마는 아이들에게 시간과 애정을 충분히 쏟지 못하는 것 같다고 걱정한다. 아이가 어릴수록 엄마는 걱정이 많다. 이 외에도 엄마들이 죄책감을 느끼는 이유는 많다. 아이에게 완벽한 엄마가 되지도 못하면서 배우자, 가족, 친구, 이웃에게도 소홀한 것 같아 미안하다. 아니면 뭔가를 하고 있으면서도 또 다른 일을 해야 한다는 것 때문에 초조해한다. 예를 들어, 가사 일을 하면서도 자꾸만 아이에게 책을 읽어주어야 할 것만 같다.

죄책감은 혼란스러운 감정이다. 죄책감은 분명 우리의 행복을 해치는 감정이지만, 죄책감을 느낄 만하다고 스스로 인정하기 쉽다. 아니면 죄책감을 자신을 통제하는 방법으로 이용하기도 한다. 심지어는 '난 적어도 죄책감은 느끼잖아. 만일 죄책감도 느끼지 않는다면 난 정말 나쁜 사람이야.'라는 식으로 생각한다. 자신은 스스로의 부족한 점을 알고, 적어도 미안하게 생각하고 있으니까 비난하지 말라고 선수를 치는 것이다.

죄책감을 극복하기 위해서는 걱정하고 불안해하는 대신 주의를 기울이는 것이 필요하다. 다른 감정을 해결하는 것과 방법은 같다. 죄책감을 지켜보고, 이 감정이 우리 몸에 어떤 느낌을 주는지 인식한다. 무엇보다 어떤 생각이 죄책감을 부채질하는지, 그러면서 시간을 얼마나 낭비하고 있는지 관찰한다.

예를 들어, 아이를 어린이집에 보내는 것처럼 중요한 문제를 결정한다면 연필과 종이를 준비한다. 그리고 명상을 통해 마음을 평온하게 한후에 글쓰기를 시작한다. 글로 쓰면 좀 더 분명하고 차분하게 생각할 수 있다. 복잡한 생각을 정리할 수 있는 질문을 써본다. 아이를 어린이집에 맡기는 것에 죄책감이 드는 이유가 어떤 터무니없는 믿음이나 기대에서 비롯된 것이 아닌가? 친구나 친척, 사회의 비판을 피하고 싶어서 그런 것이 아닌가? 걱정하고 죄책감을 느낄 만한 분명한 이유가 있는가? 찬성하거나 반대하는 이유를 열거하고 각각의 이유가 얼마나 중요한지 비교한다. 이런 식으로 의식적인 결정 과정을 거치면 고민을 줄일 수 있다.

정확히 말해서 내가 일기를 열심히 쓰는 이유는 이 때문이다. 어떤 문제를 글로 쓰면 혼란스러운 마음이 차분해지고, 생각이 정리되면서 여러 가지 좋은 아이디어가 떠오른다. 분노, 지루함, 죄책감과 같은 부정적인 감정에 이끌려 즉흥적으로 대처하는 대신 좀 더 신중하게 문제를 해결할 수 있다. 지금도 나는 중요한 결정을 할 때마다 찬성과 반대의 이유를 열거해보고 혼란스러운 감정들을 글로 옮겨본다. 이런 방법은 마음챙김을 위한 훌륭한 도구가 된다.

같은 식으로 명상을 하는 것도 좋은 방법이다. 명상을 하면, 고민에 빠져 허우적거리지 않고 차분하게 문제를 볼 수 있기 때문이다. 우선 호흡에 의식을 집중하는 것으로 마음을 차분하게 가라앉힌다. 그리고 사실을 객관적으로 바라볼 수 있는 질문을 한다. 복잡한 생각과 감정에 끌려가지 말고 모든 반응을 살핀 다음, 반응이 어떤 식으로 작용하는지를 인지한다. 거리를 두고 문제를 바라보면, 좀 더 창의적인 해결책이 나올 수 있다. 문득 새로운 대안이 떠오를지도 모른다.

수용의 힘, 평정심

평정심은 우리가 극단적인 반응을 자제하고, 세상의 모든 측면을 수용하며, 인내하는 마음으로 인식할 수 있는 능력을 말한다. 평정심이 있으면 무슨 일이 일어나든 침착할 수 있다. 평정심을 갖춘 사람은 보통 '나쁜' 일이라고 생각되는 상황도 꿋꿋하게 극복할 수 있고, '좋은' 일이 있을 때도 애착이나 집착을 하지 않은 채 순수하게 기뻐할 수 있다.

틱낫한 스님은 『사랑의 가르침 *Teachings on Love*』에서 평정심을 다음과 같이 표현한다.

- 포용
- 한결같음
- 집착하지 않음
- 차별하지 않음
- 균형
- 지나치지 않음
- 떠나보냄

붓다는 가장 큰 행복은 변화하는 환경에 영향을 받지 않는 평화로운 마음에서 온다고 가르쳤다. 깨우친 존재는 삶이 제시하는 모든 것을 수용하고, 어떤 상황에서도 동요하거나 흥분하지 않는다. 평정심을 가지라는 것은 세상에 대해 무관심해지라는 의미가 아니다. 평정심을 갖춘 부모는 사랑하는 아이를 풀어주고 자유를 인정해줄 수 있다. 아이를 통제하지도, 참견하지도, 걱정하지도 않는다. 어떤 요구도 하지 않는다. 매달리지 않는다.

불완전함을 받아들인다

내 친구 조앤은 출산을 하면서 이 세상은 우리가 마음먹은 대로 되는 것이 아니라는 중요한 교훈을 배웠다. 그녀는 임신했을 때, 모든 것을 용의주도하게 준비했다. 눈에 들어오는 육아서란 육아서는 모두 읽었고, 세세한 부분 하나하나 계획하지 않은 것이 없었다. 그리고 자연분만을 기대했다.

나는 산파, 양초, 향, 그리고 고통을 원했어. 하지만 결국 34시간의 진통을 용감하게 견딘 끝에 제왕절개로 고통을 끝내자는 의사의 제안에 감지덕지하고 말았지.

그리고 그 순간부터 내가 나의 주인이 되어야 한다는 좌우명은 잊어야 했어. 남자도 두려워하는 길을 가는 전사였던 내가, 늑대와 함께 달리는 여성이었던 내가, 아무것도 모르는 쭈글쭈글한 작은 외계인이 시키는 대로 할 수밖에 없는 신세가 되었지. 새로운 상황 앞에서, 계획했던 모든 것이 한꺼번에 무너져버렸어. 나는 평생 독립, 존엄성, 통제를 위해 투쟁했지만, 이제 흐물흐물하고 축 늘어지고 거치적거리는 좀비가 된 거야.

평정심은 우리에게 주어진 것을 받아들이고, 불가피함과 무상함을 통제하려는 부질없는 시도를 중지하는 것이다. 불교는 여덟 가지 세상의 이치(세간팔법)에 대해 말한다. 얻는 것이 있으면 잃는 것이 있고, 즐거움이 있으면 고통이 있고, 칭찬이 있으면 비난이 있고, 명예가 있으면 치욕이 있다는 것이다. 우리는 일부러 꾀하거나 피하지 않아도 이 모든 것을 경험하게 된다. 이 세상은 끊임없이 변화한다. 우리는 한 치 앞을 내다보지 못하며 그래서 불안할 수밖에 없다. 그래서 완전한 안정과 통제를 기대하는 것은 비현실적이며, 필요 이상의 고통이 따른다. 두 아이의 엄마인 선스승 수잔 머피는 완벽을 추구하는 엄마들에게 다음과 같은 위로의 말을 전한다.

육아가 얼마나 어려운 일인지 알고, 완벽하려고 애쓰지 않는 것이 중요하다. 세상에 완벽한 것은 없으며, 우리는 완벽해질 필요가 없다. 우리는 각자 사랑과 고통이 불가사의하게 엮여있는 삶을 살아간다. 순리에 따르고, 시시각각 주어지는 것을 받아들이며, 적응하는 능력을 길러야 한다.

아이를 키우는 엄마는 언제 무슨 일이 일어날지 몰라서 한시도 마음 편할 날이 없다. 아이는 난장판을 만들고, 떼를 쓰며, 변덕을 부리고, 위험한 장난을 한다. 이런 상황에서 좀 더 침착하게 반응하려면 안정과 통제, 질서에 대한 집착을 포기하고 끊임없이 변화하는 상황을 수용할 필요가 있다. 평정심을 가지면 투쟁을 멈추고 유연하게 대처할 수 있다. 수잔 머피는 관용을 다음과 같이 정의한다.

엄마는 아이를 너무 사랑하는 나머지 수시로 경계선의 문턱을 낮추는 경향이 있다. 관용은 느슨하고 안이해지는 것이 아니라 불편한 상황을 기꺼이 받아들이는 것을 의미한다.

우리는 편협하고 인색해지지 않도록 마음을 추스르고, 여유를 찾음으로써 좀 더 관대해질 수 있다. 만일 물 잔에 독약을 한 숟갈 넣으면 한 모금만 마셔도 죽을 수 있다. 하지만 같은 양의 독약을 광활한 호수에 떨어뜨리고 한 모금 마신다면, 아무렇지 않다. 누군가 무심코 한 말을 좁은 마음으로 들으면 며칠 동안 속이 부글부글 끓으며 과잉반응을 할 수 있지만, 여유로운 마음으로 들으면 한 귀로 듣고 한 귀로 흘려버릴 수 있다.

사소한 일에 초연해진다

우리는 종종 사소한 일에 화를 내는 바람에 즐거워야 할 순간을 망쳐 버린다. 아이가 카펫에 우유를 엎지른다. 아들이 저녁 내내 칭얼거린다. 딸이 심술을 부린다. 남편이 늦게 퇴근한다. 불쾌한 소음, 냄새, 광경⋯⋯. 기분을 상하게 하는 일은 수없이 많다. 하지만 이런 사소한 일 때문에 자꾸 화를 낸다면 얼마 안 가 화를 내는 것이 습관이 된다.

주변에서 일어나는 사소한 일에 불필요하게 화가 날 때, 이를 인내심을 연습하는 기회로 받아들이자. 예를 들어, 틱낫한 스님은 빨간 신호등 앞에서 신호가 바뀌길 기다리는 동안 미소를 지으라고 조언한다. 그러면 긴장이 완화되고, 한층 밝은 모습으로 목적지에 도착할 수 있다.

피오나는 세 살과 열네 살짜리 아이를 둔 엄마다. 그녀는 3년 동안 불교를 수행한 후에 자신이 어떻게 달라졌는지를 이야기한다.

나는 좀 더 '온화한' 사람이 되어서 좀처럼 화를 내지 않게 되었습니다. 집에 사춘기 아이가 있다는 것을 생각하면 나 자신이 아주 대견하게 느껴집니다. 음료수를 쏟거나 물이 가득 찬 욕조 안에 수건을 떨어뜨리는 것쯤은 아무 문제가 되지 않습니다. 치우고 정리하면 그만이죠.

피오나는 이제 사소한 일에 화를 내지 않고 평정심을 유지할 수 있게 되었다.

하지만 평정심이 단지 '나쁜' 사건에만 적용되는 것이 아니다. 때로는 우리가 '좋다'고 말하는 상황에서도 평정심이 필요하다. 아무리 좋은 일도 집착하면 마음을 편안하게 할 수 없다. 평정심이 있으면 아이가 단어 쓰기 시험이나 수영 대회에서 좋은 성적을 받았을 때 축하해주고, 그 이상을 바라지 않을 수 있다. 이웃이 아기를 돌봐주거나 요리를 해주겠다고 제의하면 감사히 받아들이고, 만일 약속을 지키지 않더라도 화가 나지 않을 수 있다. 앉은자리에서 초콜릿 과자 한 통을 다 먹어 치우지 않고 몇 개 맛보는 것으로도 만족할 수 있다.

매 순간에 머물라

평정심이 있는 사람은 매 순간이 중요하다는 것을 알고 있다. 아기 기저귀를 갈거나, 아이의 코를 닦아주거나, 동화책을 읽어주거나, 줄을 서서 기다리는 시간이 모두 마음챙김을 수행하고 좀 더 현명해질 수 있는 기회가 된다. 순간순간이 새롭게 느껴진다. 지금 이 순간은 또 다른 무언가로 변화하는 과정이기 때문에 영원하지 않으며, 그래서 더욱 소중하다. 진실은 지금 여기에 있다. 판단하거나, 평가하거나, 요구하지 말고 완전히 받아들이는 마음으로 매 순간을 인식하자. 붓다는 이렇게 말했다.

과거를 돌아보지 말고,
미래에 정신을 팔지 말라.
과거는 더 이상 존재하지 않으며,
미래는 아직 오지 않았다.
삶을 있는 그대로 깊이 들여다보라.
바로 현재에
수행자는
확고하고 자유롭게 머무른다.

명상을 하면서 평정심을 수행할 때는 어떤 판단도 하지 않는 것이 중요하다. 잡념이 생기면 자책하지 말고, 호흡으로 주의를 다시 불러온다. 가려움증을 느끼면 서둘러 긁으려고 하지 말고 그 감각을 잠시 탐구한다. 초조함이나 지루함을 느끼면, 그 느낌이 일어나서 머물다가 결국 사라지는 것을 지켜본다. 붓다는 이렇게 조언했다.

보이면 보라. 들리면 들어라. 냄새가 나면 맡아라. 맛이 느껴지면 맛을 보라. 촉감이 느껴지면 느껴라. 뭔가 생각이 떠오르면 생각해라. 모든 것을 바로 그 자리에 머물게 하면 통찰력이 저절로 길러진다.

마음챙김 수행은 모든 일을 평온하고 평화로운 마음으로 거리를 두고 바라볼 수 있게 한다.

평정심 수행이 감정을 억누르거나 조절하는 것처럼 보일 수 있지만, 평정심은 일부러 감정을 무시하거나 피하는 것이 아니며, 수행이 깊어지고 영적으로 발전하면서 저절로 생기는 것이다. 만일 분노나 불안이 일어나면, 어떤 힘도 가하지 말고 감정이 일어나서 머물다가 사라지는 것을 지켜본다. 이런 식으로 감정을 느끼고 인식하지 않으면 어떤 상황에서도 침착하게 대처할 수 있다.

부조리와 유머를 이해한다

일단 어느 정도 평정심과 여유로운 마음을 기르면 다음과 같은 황당한 상황에서도 웃을 수 있다. 엄마들은 이런 이야기에 익숙하다.

첫아이 자크가 두 살이던 비 내리는 어느 일요일. 남편은 시드니 대학 강당에 운동을 하러 갔고, 나는 자크를 재우고 조용히 신문이나 읽어야겠다고 생각했다. 그래서 차에 자크를 태우고, 대학 건물을 한 바퀴 돌며 아이가 잠들기를 바랐다. 하지만 15분이 지났는데도 자크는 여전히 말똥말똥했다. 나는 초조해지는 마음을 가라앉히기 위해 의식을 호흡과 몸의 감각에 맞추려고 애쓰고 있었다. 그때 자크가 이렇게 말했다.

"응가 마려워요."

아이는 금방이라도 일을 치를 것 같은데, 도무지 화장실이 어디 있는지 알 수가 없었다. 나는 서둘러 '정차 금지'라는 팻말이 있는 곳에 주차를 하고 빗속으로 아이를 데리고 나와서 볼일을 보게 했다. 그런데 아이의 바지를 올려주다가 열쇠가 6개나 달린 열쇠고리를 똥 속에 떨어트리고 말았다. 열쇠고리는 그 속에 완전히 파묻혔다. 휴지를 가지러 차로 달려가려는데, 주차단속 경찰이 멀리서 천천히 다가오는 것이 보였다. 아이가 계속 "엄마, 왜 열쇠를 똥에 떨어트렸어요?"라고 캐묻는 동안에도 나는 황급히 젖은 나뭇잎으로 열쇠를 닦았다.

어처구니없게도 이 난감한 상황에서 나는 열쇠를 닦으며 웃고 있었다. 너무 기가 막혀서 웃음밖에 나오질 않았다. 남편이 따뜻하고 쾌적한 강당에서 즐기고 있는 동안, 나는 비를 맞으며 손가락으로 똥을 헤집고 있었다. 한가하게 신문을 읽고 싶다는 희망도 사라졌다.

이처럼 엄마들은 누구나 막다른 골목에 서있는 경험을 한다. 이런 상황에서 폭발을 해버릴 수도 있고, 웃어넘길 수도 있다. 만일 평정심이 있다면 웃을 수 있다. 거리를 두고 상황을 바라보면 지나치게 감정에 휘말리는 것을 피할 수 있다.

내가 만난 불교 스승들은 어떤 상황에서도 웃을 준비가 되어 있었다. 전혀 웃을 일이 없는 일을 이야기를 하면서도 몇 분마다 조용히 웃는다. 나는 그 웃음이 어떤 의미인지 의아해하다가 이분들에게는 삶의 부조리를 가볍게 받아들이는 능력이 있다는 결론에 도달했다. 세상에서 내가 좋아하는 소리 중의 하나는 달라이 라마의 웃음소리다. 그의 웃음은 전염성이 있다.

우리 안에 '불성'이 있다

평화와 평온함의 열쇠는 우리 안에 있다. 불교는 모든 사람에게 붓다의 마음과 지혜가 있는데, 이것이 우리의 진정한 본성이라고 가르친다. 우리는 이미 그 자체로서 완전하고 온전하며 선한 존재이지만, 두려움과 욕망이 이의 발현을 방해하고 있다. 따라서 우리의 사명은, 우리의 진정한 본성(우리가 가진 '불성')을 실현하는 것이다.

『간단명료한 불교Buddhism Plain and Simple, The Practice of Being Aware Right Now, Every Day』에서 선승 스티브 하겐은 우리의 타고난 선함에 대해 분명하고 간단하게 설명하고 있다.

우리는 이미 깨우친 존재다. 다만 무엇이 우리 자신을 방해하는지에 주의를 기울여야 한다. 우리는 부족함이 없다. 다만 우리의 시야를 가로막고 방해하지 말아야 한다.

그는 또한 매 순간이 우리에게 현실에 눈을 뜰 수 있는 기회를 제공한다고 말한다. 그리고 진실은 오로지 현재에 존재하고, 현실을 분명히 보기 위해서는 내면의 불성과 접촉해야 한다.

우리 안의 불성은 언제라도 접근 가능하다. 불성을 추구하는 것은 저 밖에 있는 뭔가를 쫓아가는 것이 아니라, 이미 우리 안에 있는 것을 발견하는 것이다. 하겐은 붓다가 마지막으로 한 말을 상기시킨다.

나 자신 외에 다른 사람에게서 위안을 구하지 마라.

세상이 우리를 옴짝달싹 못하게 짓누르는 것 같을 때, 그때가 우리의 진정한 본성의 실현이라는 고귀한 목적을 일깨울 때라는 걸 기억하자. 삶에서 위안을 구하기 위해서는 우리 안으로 들어갈 필요가 있다. 내게 있는 불성을 찾는 것은 나 스스로에 대한 측은심을 느끼는 데 도움이 된다. 내가 아이를 사랑하고 보살피는 것처럼 불성은 나를 사랑하고 보살핀다. 명상을 하면 내 안에 있는 붓다의 존재가 나를 완벽하게 사랑하고 있음을 알게 되고, 더욱 강해지며, 자부심이 생기고, 마음이 평온해진다.

삶의 충만함을 느끼기 위해, 세계 여행을 하거나 놀라운 경험을 하거나 끝없이 뭔가를 성취해야 하는 것은 아니다. 우리가 찾는 것은 우리 안에 있다. 찾는 장소를 바꿔야 한다.

받아들이는 연습을 한다

- 우리 자신에 대해 측은심을 갖는다.
- 아무리 힘든 감정도 곧 지나가리라는 것을 기억하고, 아이에게
  도 가르친다.
- 늘 주어진 상황에서 무엇을 배울 수 있는지 마음속으로 질문한다.
- 감정을 억누르거나 피하지 말고, 반갑게 맞이해야 하는 손님으
  로 여긴다.
- 감정을 지켜보면서 '느낀다, 느낀다, 느낀다' 또는 좀 더 구체
  적으로 '초조하다, 초조하다, 초조하다'라고 인지한다.
- 격한 감정에 사로잡히면 멈추어 살펴본다.
- 죄책감에 시달린다면 글쓰기나 명상을 시도해본다.
- 부정적인 느낌과 맞서 싸우지 말고 불완전함과 불편함을 수용
  한다.
- 사소한 일에 초연하게 반응한다.
- 매 순간이 소중하다는 것을 안다.
- 우리 안에 완벽한 붓다가 있다는 것을 알고, 우리에게 있는 불
  성에서 힘과 위안을 얻는다.

04

화
다스리기

해도 해도 끝없는 집안일로 가뜩이나 짜증나 있는 터에 남편은 남편대로, 아이들은 아이들대로 엄마를 화나게 만든다. 화를 낼 때마다 성격이 점점 호전적이 되면서 다시 화를 내기 쉬워진다. 화를 내면 기가 소모되고, 건강이 나빠지며, 판단력이 흐려진다. 가슴에 원한을 품으면 마음이 평온할 수 없다.

가정주부에겐 화나는 일이 한두 가지가 아니다. 남편이 야속한 말을 하고, 늦게 귀가하고, 집안일을 모른 척하며, 코를 골거나, 소리 내어 음식을 먹는다. 아이들은 말을 안 듣고, 싸우고, 떼쓰고, 투정을 부린다. 그럴 때마다 원망스럽고 짜증나고 불쾌한 마음에 아이들을 야단치거나 부부싸움을 한다. 때로는 분노에 휩싸여 난폭한 생각을 하거나 보복을 생각하기도 한다. 물론, 가족 외에도 우리를 화나게 만드는 사람들은 많다. 아무리 온순한 사람이라 해도 운전대만 잡으면 포악한 전사가 된다.

엄마들이 화를 내는 수많은 이유 중 하나가 가사 문제이다. 해도 해도 끝이 없는 집안일 때문에 엄마는 자신만의 시간을 내기는커녕 샤워를 할 수 있는 것만 해도 감지덕지한다. 『여성으로 태어나다 *Of Woman Born*』라는 책에서 에이드리엔 리치는 겨우 시간을 내서 글을 쓰고 있는데 아이가 방해하면 어떤 느낌이 드는지를 이야기한다.

순간 아이의 요구가 부당하다고 느꼈다. 나 자신을 위해서는 단 몇 분의 시간도 쓸 수 없다고 생각하니 억울했다. 나를 위해 뭔가를 하는 것이 모두 부질없는 짓이며, 항상 아이에게 양보해야 한다는 것이 불공평하게 느껴졌다. 잠시라도 아이에게서 해방되어 나 자신을 위해 평화로운 시간을 보낼 수 있다면 아이를 훨씬 더 사랑할 수 있을 것 같았다.

같은 마음 상태에서 조앤은 화를 참고 포기하는 마음을 시로 표현했다.

아이들의 사소한 규칙 위반에
화를 내고 나서
부끄러워진다.(사랑스런 아이들에게 화를 내다니!)
그녀 자신도 그렇게
화가 부글부글 끓어오를 줄 몰랐다.
그녀는 기억과 꿈속으로 들어가,
냅킨처럼 단정하게
자신을 접어서
더러운 얼룩처럼
자신의 방랑벽을 감춘다.
이 생활—이 완벽하게 행복한 생활이
아무 일 없이 무사히 계속되기를 바라면서.
그녀는 자신을 위한 노래를 작곡하고
자신을 위해 노래한다.

아무도 들어주는 사람 없는 노래를.

이 두 여성은 엄마에게 지나치게 요구되는 희생에 화가 나있다.

불교에서는 분노, 특히 화를 폭발하는 것을 적으로 여긴다. 분노는, 적당히 다스리면, 약자를 보호하고 정의를 세우기 위해 필요한 내면의 힘이 될 수 있다. 문제의 핵심으로 들어가, 지혜롭게 탐구하고 해결하는 기회를 제공하는 것이다. 하지만 자비의 가장 큰 적인 분노는 종종 파괴적인 영향을 미친다. 마음의 평화와 연민의 능력을 동요시키고, 영적인 삶을 위협한다. 붓다는 이렇게 말했다.

화를 죽이면 고통이 사라지고 평화와 행복이 온다. 화는 모든 현명한 사람이 죽이고 싶어 하는 유일한 적이다.

천성적으로 화를 잘 내지 않는다고 느끼는 사람도 있을 것이다. 하지만 화는 단지 감정 폭발이나 적대적인 대립으로만 드러나는 것은 아니다. 화를 내는 것에는 시무룩해지거나 움츠러드는 것부터 모진 행동이나 말을 하는 것도 포함된다. 우리 사회는 특히 여성이 화를 내는 것에 대해 너그럽지 않다. 여성은 종종 명상을 하면서 자신이 얼마나 많은 원망을 쌓아두고 있는지 알게 된다. 마음챙김 수행을 하면 가슴속 응어리를 좀 더 분명히 인식하게 된다. 실제로 많은 사람이 명상을 시작하면서 오랜 세월 동안 얼마나 많은 화를 축적해왔는지 알고 놀라워한다.

화는 백해무익하다

알렉스가 태어나고 처음 몇 주일 동안은 기껏해야 평균 네 시간 정도 자면 다행이었다. 또 알렉스가 젖을 물어대면 마치 스테이플러로 찍는 것처럼 아파서 하루에도 몇 차례씩 비명을 질러댔다. 새 식구가 생긴 기쁨이 무색하게, 무질서해진 생활로 정신이 없었고 감정의 기복이 심했다. 그러던 어느 토요일, 거의 하루 종일 뿌루퉁해 있는 남편을 보니 화가 치밀었다. 만일 기분이 우울한 사람이 있어야 한다면, 당연히 내가 되어야 했다. 남편은 새 생명을 보살피기 위해 영웅적인 노력을 하고 있는 나를 지원하고 격려해야 하는 것 아닌가. 나는 하루 종일 화가 나는 것을 꾹꾹 참으면서 견뎠다.

항상 나를 '참을성이 많다'고 칭찬하던 남편은 그날 밤 무척 놀랐을 것이다. 내가 침실로 뛰어들어가 침대 밑에 있던 전등을 집어 그의 얼굴을 향해 내던졌기 때문이다. 결국 전등이 부서졌다. 그것은 유치한 행동이었다. 남편은 아무 말도 하지 않았다.

나는 아기 방으로 들어가 앞으로 어떻게 해야 할지 생각하다가 내가 분노를 드러내지 않는 비폭력주의 불교도라는 것을 떠올렸다. 그리고 침실로 돌아가 남편에게 사과한 다음 차분하지만 간절하게(실제로 내 마음도 간절했다.) 당분간 힘이 들어도 한 팀이 되어서 아기를 돌봐야 한다는 등등의 이야기를 했다. 대화를 시작하자, 긴장은 사라지고 모든 것이 다시 제자리를 찾았다. 그날 밤 우리 부부가 열정적인 사랑을 나누었다고 말하고 싶지만, 그런 생각조차 할 수 없을 만큼 갓난아이의 부모는 너무 피곤하다.

많은 엄마들이 분노를 폭발시키는 것을 혹사당하지 않기 위한 일종의 방어 수단으로 여긴다. 화를 내지 않으면 아무도 알아주지 않는다고 생각하는 것이다. 하지만 화를 내지 않고도 우리는 얼마든지 자신의 권리를 주장할 수 있다. 오히려 화를 내면 점점 더 처지만 곤란해질 뿐이다. 무엇보다 우리 자신의 업을 위해 좋지 않다. 화를 낼 때마다 성격이 점점 호전적이 되면서 다시 화를 내기 쉬워진다.

화를 내고 나면 일시적으로 후련함을 느낄지 모른다. 당당하게 나 자신을 표현하고 '확실하게 본때를 보여줬다!'고 생각할 수도 있다. 하지만 가족, 친구, 친지 또는 낯선 사람 등 상대가 누구든지 간에 화를 내는 것은 오히려 우리 자신에게 해롭다. 화를 내는 것은 훨씬 건강하게 대응할 수 있는 자유를 포기하는 것이다. 화를 내면 기가 소모되고, 건강이 나빠지며, 판단력이 흐려진다. 그리고 가슴에 원한을 품으면 마음이 평온할 수 없다. 반성은 하지 않고, 계속 스스로를 합리화하게 되는 것이다.

미움과 밀접한 관련이 있는 분노는, 많은 국가와 종교 단체에서 보는 것처럼 폭력과 파괴의 악순환으로 이어질 수 있다. 새로운 잔학 행위는 더 큰 보복을 불러오고, 폭력은 계속해서 되풀이된다. 붓다는 말했다.

증오는 증오로 멈출 수 없다. 증오는 오로지 사랑으로 멈출 수 있다. 이것은 영원한 진리다.

한쪽이 화를 내면 다른 쪽도 화를 내거나 적어도 방어를 하게 된다. 불화를 멈추는 유일한 방법은 행동으로 더 많은 사랑을 보여주는 것이다. 이 엄마가 찾아낸 것처럼.

몇 년 동안 남편과 나는 습관적으로 서로에게 화를 냈다. 걸핏하면 피차 득이 될 것이 없는 부부싸움을 했다. 내가 그를 공격하면 그는 왜 그러는지 생각조차 안 하고 즉시 자기 방어에 들어갔고, 그가 공격하면 나 역시 마찬가지였다. 마침내 우리는 그런 식으로 해봤자 서로 좋을 게 없다는 걸 깨달았다. 점점 더 완강하게 자기주장을 하게 되고, 그 결과 부부싸움만 하게 될 뿐이었던 거다. 아이들을 위해서라도 의견 차이를 좁힐 수 있는 새로운 방법을 찾아야 했다. 우리는 우선 화를 내지 않는 것에 초점을 맞추었다. 좀 더 평온하고 조심스럽게 불만을 이야기하고 감정이 격해질 것 같으면 한 사람이 방에서 나가기로.

화 다스리는 방법

화를 다스리기 위해서는 무상함과 고통의 진리를 인식하는 방법이 있다. 우선 지금은 화를 참기 힘들지만 잠시뿐이라고 생각하는 것이다. 일시적인 감정으로 어리석은 행동을 할 수 있다는 걸 생각해 분노를 자제한다. 또한 우리 삶에서 고통, 불완전함, 불만족은 불가피하다는 첫 번째 진리를 상기하자. 화를 낸다고 해서 달라지는 것이 없다면 뭣 하러 기를 낭비하겠는가?

그러면 화가 날 땐 어떻게 하는 것이 좋을까? 자책하는 것은 불난 집에 부채질하는 격이므로, 분노의 감정이 다른 형태로 바뀌거나 사라질 때까지 인내심을 갖고 지켜보는 것이 필요하다. 감정을 폭발하거나, 감정에 휘말리지 않도록 조심해야 한다. 비키 매켄지의 『왜 불교인가―지혜를 구하는 서양인』에서 선스승인 이본느 랜드는 무상함이 가르쳐주는 것과 분노를 지켜보는 것에 대해 이렇게 설명한다.

……아이들을 키우면서 나는 두려운 감정을 분노로 표현했다. 하지만 화를 내고 나면 늘 비참한 기분이 들곤 했다. 내가 명상을 시작한 주목적은 격한 감정을 다스리는 법을 배우는 것이었다. 명상을 시작하면서 나는 화를 억누르거나 폭발하는 것 말고 다른 선택이 있다는 것을 알았다. 분노를 부정하지 않고 인식한 다음, 억누르거나 발산하지 않는 것이다. 화가 날 때 몸이 반응하는 방식, 뱃속이 거북하고, 목구멍이 조여오고, 가슴이 답답해지는 느낌에 주목한다. 그러면 화가 났다는 것을 인정하고 설명할 수 있다. 또한 어떤 감정이든지 오래가지 않는다는 것을 알게 되었고, 이러한 깨달음은 아이들을 키우는 데 큰 도움이 되었다.

티베트의 스승인 게쉬 켈상 갸초는 『삶의 변화*Transform Your Life*』에서 분노가 3단계로 진행된다고 말한다.

1. 어떤 대상을 불쾌하게 인식한다.
2. 인식한 불쾌감을 과장한다.
3. 위협을 가하고 싶은 마음이 생긴다.

최근에 두 아들을 데리고 2박 3일 동안 가족 수련회에 갔다. 수행자들은 밤에 숙소에서 조용히 하라는 주의를 받았다. 그런데 밤 9시 30분경 큰아이 자크가 하루 종일 뛰어노느라 무척 피곤했는지(세 살짜리 아이가 피곤할 때 흔히 그러듯이) 별 이유 없이 떼를 쓰고 칭얼거리기 시작했다. 잠든 다른 아이가 깨어나면 그 부모가 화를 낼 것이라는 생각에 나는 황급히 자크의 입을 막으려고 했다. 한 수행자가 도와주겠다며 둘째 아이 알렉스를 안아주었고, 나는 자크를 질질 끌고 씩씩거리며 방으로 갔다.

자크가 계속 울면서 내가 자기를 아프게 했다고 소리치자 화가 머리 끝까지 났다. 하지만 숙소에서 큰 소리로 야단을 칠 수도 없었다. 아이의 팔을 단단히 잡은 채 당장 집으로 돌아가야겠다며 위협했다. 날 도와준 수행자에게 창피해서 견딜 수가 없었다. 평온하고 다정한 불자 엄마의 이미지는 순식간에 날아가고 말았다. 그녀가 자크를 침대로 데려갔고, 나는 따라 울기 시작한 알렉스에게 젖을 물렸다. 자크가 곧 잠이 들자 나는 안도의 한숨을 내쉬었다. 다음 날 아침 식당에 들어갔을 때 15명 수행자 모두가 나를 쳐다보는 것만 같았다. 모두들 우리 가족의 작은 소동을 알고 있을 거라고 생각했다. 하지만 사실은 달랐다. 그 시간, 아이들은 대부분 깊이 잠들어 있었고, 어른들은 불당에서 명상을 하고 있었다.

이때 분노의 3단계를 모두 겪었다. 우선 나는 자크가 소리를 지르는 바람에 자고 있던 다른 아이가 깰 것이라고, 더 나아가 부모가 모두 화를 낼 것이라고 상상했다. 난처한 상황을 모면하기 위해 힘으로 아이의 입을 틀어막아보려고 했고, 집에 돌아가겠다고 아이를 위협해서 조용히 하도록 했다.

분노는 누군가에게 해를 끼치고자 하는 마음으로 이어진다. 영적 수행을 하고 싶다면 반드시 이런 마음을 버려야 한다. 이것은 두 단계로 해결할 수 있다. 먼저 분노의 부정적인 힘을 인식한다. 그리고 분노를 적으로 여기고, 우리 내면으로 들어가 그 원인을 이해하고 제거하는 것이다. 화가 나면 문제의 원인을 우리 내면보다는 외부에서 찾기 쉽다. 그래서 누군가를 비난하고, 우리 자신을 정당화하려는 반응을 보이는 것이다. 하지만 우리의 내면으로 눈을 돌려보면 분노의 원인이 뭔가를 '좋다' 또는 '나쁘다'고 생각하는 우리 자신의 집착과 미움임을 깨닫게 된다.

수련원 사건 이후, 내가 늘 다른 사람의 눈치를 본다는 것을 알았다. 다른 사람을 실망시키거나 불쾌하게 만드는 것을 지나치게 걱정하는 경향이 있었다. 모든 사람에게 칭찬을 듣고 싶어 하는 것이다. 그것이 아직 자기중심적인 발달단계에 있는 세 살짜리 아이에게 천사처럼 착하게 행동하고 다른 사람을 배려해주기를 기대했던 이유였다. 좀 더 깊이 들어가 보면 내 안에 다른 사람을 방해하는 것은 한심하고 무례한 행동이라고 꾸짖는 비평가가 있음을 알게 된다. 그래서 사람을 기쁘게 해주지 못하면 실패한 사람이 된 것처럼 느끼는 것이다. 생각해보면 터무니없기 짝이 없는 이런 믿음이 우리의 삶을 형성하고 있다. 자크가 떼쓰는 것을 부채질하지 않고, 그 상황을 지혜롭게 해결했더라면 좋았을걸. 적어도 그렇게 지나친 반응을 보일 필요는 없었을 텐데.

게쉬 켈상 갸초는, 명상을 할 때 강한 의지력으로 분노의 감정을 버리라고 조언한다. '나는 분노에 굴복하지 않겠다,' 또는 '분노의 마음을 버리자'라고 마음속으로 되풀이해보자. 분노를 유발할 수 있는 사건에 대비해 미리 마음의 준비를 하는 것도 방법이다. 삶이 우리 기대에 어긋나면 안 된다고 고집하는 대신 인내와 수용의 마음을 키워야 한다. 살다 보면 때로 분노와 고통의 순간이 오기 마련이다. 그러므로 어떤 상황도 유연하게 받아들이고 참을 수 있는 인내심을 연습하는 것이 필요하다.

용서를 구한다

그러면 이미 감정을 폭발시켰다면 어떻게 해야 할까? 화를 내고 호통을 쳤다면? 12년 넘게 수행을 해온 베시는 지금 불교 강의를 하고 있다. 그녀는 일곱 살짜리 아들 샘이 세 살이었을 때부터 함께 이런저런 수련회에 다녔는데, 이제는 자신이 화를 내면 아들이 조언을 하곤 한다고 웃는다. 샘은 엄마가 화를 내는 이유가 자기 때문이 아니라 대개는 엄마 자신의 심리적인 문제 때문임을 분명하게 이해하고 있다.

아이에게 잘못했을 때 사과하는 법을 가르치고 싶다면 부모가 본보기가 되어야 한다. 베시는 화를 냈을 때 잘못을 인정하고 아들에게 사과한다. 그리고 모자가 함께 1)베시의 반응이 아들에게 도움이 되었는지, 2)아니면 다른 식으로 반응을 해야 했는지에 대해 토론을 한다. 그 다음에는 어떤 식으로 문제를 해결할 수 있는지 상의한다. 아이에게 업의 가르침, 즉 모든 행동은 결과가 있다─네가 x라고 말할 때 나는 y라는 감정을 느꼈고, 네가 a라는 행동을 한 결과 b라는 일이 일어났다─는 것을 강조한다.

베시와 샘은 '공격적인 언어 사용 기록표'를 만들었다. 어느 한쪽이 공격적인 언어를 사용했을 경우, 두 사람이 그 사실에 동의하면 표에 기록을 한다. 그리고 일주일 동안 화를 더 많이 낸 사람이 적게 낸 사람이 하는 부탁을 들어준다. 두 사람은 기록표를 만들고 나서부터 확고하고 주체적인 의사표시와 부적절하고 공격적 비난이 어떻게 다른지에 대해 건설적인 토론을 하게 되었다.

내가 만나본 많은 엄마들은 아이에게 화를 냈을 때는 반드시 사과를 해야 한다고 강조한다. 사과는 분노를 '떠나보내고' 자신을 낮추는 효과적인 방법이다. 한 엄마는 이렇게 말했다.

아이에게 용서를 구하는 것은 힘을 독점하지 않고 함께 나누어 갖는다는 것을 의미합니다. 많은 부모가 아이에게 완벽한 모습을 보여야 한다고 생각하지만, 나는 부족함을 극복하는 법을 보여주는 편이 더 낫다고 생각합니다. 만일 부모가 '잘못했다'고 자신의 잘못을 인정할 수 있다면 아이도 언젠가 그렇게 말할 수 있을 겁니다. 자신의 행동에 대해 스스로 책임지는 법을 배우는 거죠.

또한 기분이 우울할 때는 아이에게 솔직하게 이야기해야 한다고 생각합니다. 우리의 마음 상태를 이야기하면 아이는 우리의 행동을 개인적인 감정으로 받아들이지 않을 겁니다. 화를 내는 이유가 아이 때문이 아니라는 것을 알게 할 필요가 있습니다.

난폭 운전자나 고약한 직장 상사처럼 우리를 화나게 만드는 사람을 상대할 때는 티베트 사람을 귀감으로 삼을 수 있다. 달라이 라마를 비롯한 많은 티베트 사람이 마음에 상처를 받지 않고 시련을 견디는 방법을 이야기한다. 이들은 자신에게 고통을 주는 사람의 행동은 그들 마음 속 깊은 곳의 혼란에서 비롯된 것임을 알기에 오히려 측은심을 느낀다. 또한 남에게 고통을 주는 사람은 업의 법칙에 따라 언젠가 그 자신이 크게 고통을 겪을 것임을 안다. 이런 측은심을 우리의 개인적인 문제에도 적용할 수 있다. 우리에게 상처를 주는 사람을 벌하는 것은 우리의 몫이 아니며, 그들 스스로 나쁜 업을 짓는 것이라 생각하면 측은심이 생긴다.

분노의 마음과 행동을 버리라고 격려하면서 붓다는 이렇게 말했다.

> 누군가에게 공격을 당한 후에
> 보복을 하는 것은
> 우리 자신과 상대방에게 모두 해가 된다.
> 상처를 받고 나서도
> 상대방에게 상처를 주지 않는 사람이
> 진정한 승리자다.
> 인내하는 것은 두 사람 모두에게 유익하다.
> 자신과 상대방의 마음속에 있는
> 분노의 원인을 이해할 때
> 우리 마음은 진정한 평화와 기쁨으로 가벼워지고,
> 자신과 상대방의 상처를 치유하는 의사가 될 수 있다.
> 이것을 이해하지 못하면
> 화를 내지 않는 것이 어리석은 행동으로 생각될 것이다.

용서해준다

우리 자신을 위해서라도 상대방에 대한 원망을 버리고 용서할 수밖에 없는 경우가 있다. 만일 과거의 상처 때문에 계속 원망을 품은 채 산다면 우리의 마음은 삶에서 어떤 기쁨도 느끼지 못한 채 옹졸해진다. 무자비한 행동을 용서하는 것이 이치에 맞지 않는 것처럼 보일지 몰라도, 일단 용서하면 고통스러운 감정과 기억에서 벗어날 수 있다. 그리고 용서한 자신이 스스로 대견하게 느껴지고, 정신적인 성장을 할 수 있다. 용서야말로 사랑과 자비심의 결정이다.

가슴 아픈 일을 겪은 후 곧바로 격한 분노의 감정을 용서로 대체하는 것은 종종 불가능하다. 용서는 의지로 할 수 있는 일이 아니다. 마음의 준비가 되기 전에는 억지로 할 수 없고, 노력이 필요하다. 우리는 올바른 말과 올바른 귀 기울이기로 대화를 시도할 수 있다. 또는 마침내 용서하겠다는 의지의 씨앗을 심는 자비명상을 할 수도 있다.

때로 용서는 오랜 세월이 걸린다. 그럴 땐 기다리면서 과거의 사건을 둘러싼 감정이 조금씩 변화하는 과정을 지켜보자. 강도가 점점 약해지다가 언젠가는 사그라질 것이다. 용서로 가는 길은 쉽지 않지만 마침내 원망의 짐을 내려놓았을 때 그동안의 노력이 헛되지 않았음을 알게 될 것이다.

용서는, 우리 모두가 망상, 혼란, 결함이 있다는 사실을 이성적으로 인정하는 일이기도 하다. 우리가 다른 사람을 아프게 했거나 이기적으로 행동하고 용서를 구했던 시간을 기억하면 도움이 된다. 또 우리 자신의 책임도 인정할 필요가 있다. 우리의 의도, 행동, 말이 모두 건전했다고 자신할 수 있는가?

마지막으로 용서하지 않고 가슴속에 원망을 품고 살아가는 것이 우리 몸에 어떤 영향을 미치는지 의식해보자. 원망이 끓어오를 때마다 어디에 긴장이 쌓이는가? 마음 상태에는 어떤 영향을 주는가? 원망이 삶과 업에 어떤 결과를 가져오는지 생각해보고, 반대로 용서함으로써 원망에서 자유로워지면 세상이 어떻게 느껴질지도 상상해보자.

미숙한 생각을 다스리는 방법

화가 날 때 하는 생각은 화를 더욱 부채질한다. '도저히 참을 수가 없어!', '완전히 엉망진창이야!', '나를 우습게 여기는 거야!', '어떻게 이런 식으로 나를 함부로 대할 수 있을까!' 우리가 고민하는 많은 문제는 생각과 함께 시작된다. 따라서 우리가 하는 생각이 어떤 과정을 거쳐서 운명으로 굳어지는지를 설명한 붓다의 말처럼, 생각을 경계해야 한다.(앞의 '업의 원리' 참조)

화를 다스리기 위해서는 우리가 무슨 생각을 하는지 알아볼 필요가 있다. 우선 생각을 따라가지 말고 어떤 생각을 하고 있는지 인식한다. 어떤 생각은 우리를 현재에서 멀리 떼어놓을 수 있을 정도로 너무 강력하고 강제적이어서, 잠시 '멈추어서 자각하는' 시간이 필요하다. 그다음에 어떤 생각이 우리를 행복과 평온에서 멀어지게 하는지 확인한다.

붓다는 혼란스러운 생각을 잠재울 수 있는 다섯 가지 방법을 제안하였다. 간단히 요약하면 다음과 같다.

1. 긍정적인 면을 생각한다.
2. 우리가 하는 생각의 결과를 생각한다.
3. 다른 곳으로 주의를 돌린다.
4. 대안을 찾는다.
5. 의지력을 사용한다.

붓다는 무조건 긍정적인 면을 생각하라거나 오로지 의지력만으로 혼란스러운 생각을 피하라고 말하지 않았다. 우리는 위에서 말한 다섯 가지 방법 중에서 주어진 상황에 가장 적절한 방법을 선택하거나 두 가지 이상의 방법들을 함께 사용할 수 있다.

긍정적인 면을 생각한다
붓다가 제안하는 첫 번째 방법은,

만일 욕망, 혐오, 또는 혼란스러움과 같은 미숙한 생각이 일어나 마음을 어지럽히면 그와 관련된 또 다른 긍정적인 면을 생각한다 ……. 마치 노련한 목수가 작은 못으로 큰 못을 빼는 것처럼 하는 것이다.

잠이 부족하고 집안일에 지친 엄마들은 아이나, 다른 집 아이, 얄미운 행동을 하는 어른을 포함해 여러 사람에게 화가 날 수 있다. 이럴 때는 그들의 친절한 성품과 행동을 떠올려보자. 그리고 화가 났을 때 그들이 어떻게 해주길 바라는지 생각한다. 나는 주변 사람의 관대하고 친절한 행동을 보면 기억해두었다가 그들이 밉살스럽게 보일 때, 이 모습을 떠올린다. 한 엄마는 남편에게 화가 날 때, 이렇게 한다고 한다.

화가 나서 펄펄 뛰다가 제풀에 지치게 되는 날이면 이제 결혼은 끝났고 백년해로는 절대 불가능하다는 생각이 듭니다. 그럴 때 남편의 여러 가지 장점과 나에게 자상하게 대해주었던 기억을 떠올리면 롤러코스터를 타던 감정이 진정됩니다.

또한 화를 내기 전에 화가 나는 원인이 무엇인지 질문하는 습관을 들인다. 예를 들어, 그가 한 말이 나를 두고 한 말일까? 그가 약속 시간에 늦은 것은 나를 무시한 것이 아니라 자신의 시간 관리에 문제가 있는 것이 아닐까? 아이가 버릇없이 구는 것은 공격적인 성격 탓이 아니라 일상의 변화로 인한 일시적인 반응이 아닐까?

결과를 생각한다
붓다가 제안한 두 번째 방법은,

우리가 하는 생각의 위험에 대해 '이것은 미숙하고 잘못된 생각이다. 고통스러운 결과를 가져오는 생각이다.'라고 반성한다.

화를 내면 정작 본인에게 더 많은 해가 돌아온다. 자신에게 쌓일 업을 생각하자. 화가 습관이 되면 어떻게 마음의 평화를 발견할 수 있겠는가?

나는 가끔 화를 내고 나서 뼈저리게 후회를 하곤 한다. 몇 년 동안 꾹 꾹 참고 있던 화가 어쩌다 폭발해버리면, 스스로 바보가 된 것처럼 느 껴질 뿐 아니라 상대방은 물론 나 자신에게도 돌이킬 수 없는 상처를 남긴다.

마음속으로 이런 질문을 해보자. 이 생각은 나를 어디로 데려가는 가? 계속 이런 식으로 생각하면 결국 언젠가 폭발하게 되지 않을까? 나는 둘째를 낳고 할 일이 더 많아지면서 첫아이에 대한 인내심이 현저 하게 줄어드는 것을 느꼈다. 겨우 세 돌이 된 아이에게 툭하면 화를 내 고 야단을 쳤다. 하지만 나는 곧 떼쓰는 아이를 탓하기보다 내가 화를 낼 때마다 어떤 결과를 불러오는지 생각해야 한다는 것을 깨달았다. 나 는 어떤 엄마가 되기를 원하는가? 아이와 어떤 관계를 갖고 싶은가? 아이에게 고통을 주길 원하는가? 나 자신의 정신건강을 위해서라도 화 를 다스릴 필요가 있다.

주의를 돌린다

붓다가 제안한 세 번째 방법은,

혼란스러운 생각은 잊고 다른 쪽으로 의식을 돌린다……. 마치 뭔 가를 보고 싶지 않을 때, 눈을 감거나 다른 쪽을 바라보는 것처럼.

불교에서는 우리가 종종 사소한 사건에 '불필요한' 주의를 기울이면 서 스스로 분노 상태로 들어가는 경향이 있다고 말한다. 과거의 어떤 사건을 곱씹으며, 속을 끓이고 편집적으로 매달린다. 우리는 부적절한 생각에서 주의를 돌려 화가 나는 것을 멈출 수 있다. 그렇게 하기 위해서는 의식의 초점을 바꾸는 것이 필요하다. 호흡에 의식을 집중하면, 마음이 평온해지고 부적절한 주의를 중단할 수 있다. 긴장이 되는 상황에서도 심호흡을 하면, 마음이 편안하고 차분해진다.

한때 나는 디너파티를 계획하며 혼란스러운 마음을 진정시키곤 했다. 손님에게 멋진 시간을 보내게 해주고 싶은 마음에 일주일 내내 음식과 세부 사항을 준비하면서 보냈다. 그렇게 준비한 파티는 아주 즐거운 기억으로 남는다. 또는 가족 외출을 하거나, 친구를 부르거나, 몇 명의 어른과 함께 즐기는 자리를 마련할 수 있다. 함께 십자말풀이를 하거나, 잡지를 읽거나, 시를 쓰거나, 용기를 주는 격언을 찾아보거나, 사진을 정리하면서 즐거운 시간을 보낸다.

주의를 돌리는 방법이 모든 상황에 적절한 것은 아니다. 예를 들어, 감정을 확인하고 해결해야 할 필요가 있을 때는 적당하지 않다.

대안을 생각한다

붓다가 제안한 네 번째 방법은,

빨리 걷고 있을 때는 '지금 내가 왜 빨리 걷고 있지? 천천히 걸어도 되지 않을까?'라고 자문해볼 수 있다. 천천히 걷고 있을 때는 '지금 내가 왜 천천히 걷고 있지?…… 자리에 누워도 되지 않을까?……'라고 물을 수 있다. 힘든 자세를 버리면 쉬운 자세를 취할 수 있다.

우리가 하는 생각에 의문을 가져보자. 나는 왜 이런 식으로 생각을 하는가? 무엇 때문에 이런 생각을 하는 걸까? 좀 더 쉬운 방법은 없을까? 삶이 좀 더 순조롭게 흘러가도록 만드는 방법은? 스스로 현실을 어렵게 만들 필요가 있을까? 생각은 오고 가며, 종종 현실과는 별 상관이 없다. 이런 생각 때문에 문제를 더 크게 만들 필요가 없다. 마음챙김 명상을 해본 사람은 생각은 단지 생각일 뿐, 생각은 내가 아니며 진실이 아님을 안다.

붓다가 끊임없이 상기시켰듯 생각이 현실을 창조한다. 우리가 어떤 것에 대해 가진 생각은 상황 자체보다 더 강력하다. 어떤 일을 걱정스러운 사건으로 만들지 말지는 우리의 선택에 달려있다. 화가 나거나 짜증이 날 경우, 그 상황을 나쁜 것으로 판단하기로 선택한 것은 우리임을 인식할 필요가 있다. 이 상황을 다른 식으로 해석할 수는 없는가? 이 상황을 그렇게 개인적으로 받아들일 필요가 있는가? 이 상황에 정말 그렇게 감정을 투자할 가치가 있는가? 정말 화를 낼 수밖에 없는 상황인가? 이런 질문을 스스로에게 하다보면 어느새 우리 마음은 좋은 상태로 바뀌게 된다.

한 엄마는 아이에게 무심코 하는 반응을 순간적으로 바꾼 이야기를 해주었다.

나는 화가 나서 "그건 만지지 마!"라고 아이를 야단치려고 했죠. 그런데 그 순간 마음을 바꿔서 "우리 간질이기 놀이할까?"라고 말한 다음, 아이와 함께 바닥에 뒹굴면서 놀았어요. 그랬더니 우리 둘 다 기분이 좋아졌습니다. 우리가 무슨 말을 하느냐에 따라서 감정이 달라질 수 있다는 것을 알았습니다.

의지력을 사용한다

붓다가 제안한 다섯 번째 방법은,

마음으로 마음을 진압하고 제어하고 지배한다……. 힘센 사람이
약한 사람의 머리나 어깨를 잡고 누르고 제어하고 지배하는 것과 같
은 식이다.

만일 좀 더 긍정적인 생각을 하겠다고 단단히 마음먹고 이 목표를 달
성한다면, 의지력이 미숙한 생각과 싸워서 이긴 것이다. 우리는 다른
사람에게는 온화한 사람이 되어야 하지만 우리 자신에게는 "자, 용기
를 내." 또는 "이제 그만." 하고 단호하게 말할 수 있어야 한다. 게쉬 켈
상 갸초가 제안하듯이, 명상을 함으로써 강한 의지력을 발휘해 분노의
마음을 버리는 연습을 하자. 우리 자신에게 한번 물어보자. '건강한 대
인관계는 나에게 얼마나 중요한가?', '영적 수행은 나에게 얼마나 중요
한가?'

분노와 싸워 이겨라!

- 화를 내는 것은 자신의 업을 위해 나쁘다.
- 화는 일시적인 감정이므로 힘을 실어주지 말아야 한다.
- 화를 인정하고 인식한다. 분노가 어떻게 형태를 바꾸다가 사라지는지 지켜본다.
- 우리 내면을 들여다보고, 화가 나는 원인을 찾아서 제거한다.
- 완벽해야 한다는 생각을 버린다.
- 실수를 했을 때는 아이에게 솔직하게 이야기한다.
- 잘못했을 때는 아이에게 사과한다.
- 우울할 때는 아이에게 말을 해줌으로써 아이가 개인적인 감정으로 받아들이지 않도록 한다.
- 우리 자신을 위해서라도 사람을 용서하자.
- 붓다가 제안한 다섯 가지 방법을 사용해본다.

     1. 긍정적인 면을 생각한다.
     2. 우리가 하는 생각의 결과를 생각한다.
     3. 다른 곳으로 주의를 돌린다.
     4. 대안을 찾는다.
     5. 의지력을 사용한다.

05

자녀에
대한
걱정

사실 우리가 두려워하고 걱정하는 것은 어떤 상황보다는 그 상황이 불러오는 감정
이다. 어떤 고통이나 불만족 자체보다는, 그것을 거부하고 극복해야 한다는 사실이
더 두려운 것이다. 그렇다면 외부 상황을 통제하기보다 우리의 감정을 다스리는 쪽
이 효과적일 것이다. 그것이 고통을 줄일 수 있는 훨씬 쉬운 방법이다.

작고한 나의 외할머니는 걱정이 많은 사람이었다. 외할머니는 평생 가족을 위해 사신 분으로, 우리 세 자매를 보살피며 재미난 이야기를 들려주고 재롱을 지켜봐주셨다. 또 우리에게 관심을 쏟지 않을 때는 집 안 구석구석을 얼룩 한 점 없이 문지르고 다니셨다. 자식 키우는 일에 평생을 바친 외할머니는 '가족'이 아닌 사람과는 어울리지 않았다. 또 늘 30분을 넘기는 전화 통화에서 외할머니는 한 번도 먼저 전화를 끊으시는 법이 없었다.

어떤 사람은 가족의 걱정을 도맡아서 하는 외할머니를 보고 병이 날 정도로 걱정을 해야 행복한 사람이라고 말했다. 실제로 외할머니는 없는 걱정도 만들어서 하는 분이어서 우리 모두는 외할머니의 상상력을 자극할 수 있는 소식은 알리지 않으려고 했다. 그 결과 외할머니는 외톨이가 되었다. 어머니와 외삼촌은 해외여행이나 병원에 가는 것을 포함해 아주 사소한 문제까지도 외할머니에게는 비밀로 했다. 외할머니는 점잖고 다정한 사람이었지만 안타깝게도 걱정이 너무 많아 삶의 많은 부분들을 놓치고 사셨다. 외할머니는 정작 가족이 힘들 때 함께 상의를 하고, 귀를 기울여주고, 의지가 되어주는 친구가 될 수 없었던 것이다.

아이들은 흔히 '엄마를 걱정시키지 않으려고' 고민을 감춘다. 하지만 아이가 우리에게 비밀을 털어놓지 않는데 어떻게 도움을 줄 수 있겠는가? 아이가 폭력이나 우울증 또는 자살과 같은 문제로 고민할 때 어떻게 함께 해결할 수 있겠는가? 아이가 이러한 어려움을 극복하도록 도와주기 위해서 우리는 강하고 지혜롭고 현명해져야 한다. 아이의 안전을 지나치게 걱정해서 노심초사하는 모습은 보이지 말아야 한다.

어머니는 우리 자매가 언제나 의지할 수 있는 친구가 되어주셨다. 고민을 털어놓는 것이 어머니를 힘들게 할지도 모른다는 생각은 하지 않았다. 지금도 20대 초반에 있었던 일이 생생하게 기억난다. 고통스럽고 실의에 빠져있던 나는 내가 처한 상황에 대해 어머니와 이야기를 나누었다. 그러곤 집에 가기 위해 차에 올랐다가 뭔가를 두고 온 것을 알았다. 집에 다시 돌아가보니, 어머니의 얼굴은 눈물로 얼룩져있었다. 어머니는 울고 있었던 게 분명했지만 아무 일도 아니라며 시치미를 뗐다. 나는 돌아오는 차 안에서 어머니에게 마음속 깊이 감사했다. 어머니는 우리 자매가 어려움을 겪을 때마다 강한 모습을 보여주었지만, 실은 외할머니를 닮은 구석이 있었던 것 같다. 자식의 고통을 보는 것은 어머니에게 무척이나 가슴 아픈 일이었다.

세상을 살아가는 데 어느 정도의 걱정은 유익하다. 걱정은 계획을 세우거나 어떤 선택을 바꾸거나 필요한 행동을 취하게 한다. 하지만 지나친 걱정은 백해무익하다. 만일 지나치게 걱정하는 것이 습관이 되면 남은 평생 마음의 평화를 모르고 살아야 할 것이다. 걱정 중에는 터무니없는 상상의 시나리오에 의한 것도 있다. 마크 트웨인은 이런 말을 했다.

"나의 삶은 끔찍한 불운으로 가득했는데……대부분은 실제로 일어나지 않았다."

하지만 자녀가 어려움에 처했을 때, 부모가 걱정하는 것은 너무도 당연한 일이다.

걱정이 주는 손실

걱정이 지나치면 신체적·정신적 피해를 입을 수 있다. 의학 전문가들은 끊임없는 걱정은 피를 말리고 신체 기능을 약화시키고 고혈압, 심장 질환, 위궤양, 호흡기 문제를 유발할 수 있다고 말한다. 의사에게 물어보지 않더라도 걱정이 있으면 잠을 편히 잘 수 없으며 활기가 없고 마음이 불편하다는 걸 알 수 있다. 걱정이 많으면 새로운 도전을 피하게 될 뿐만 아니라 자신은 물론, 아이들의 기회와 잠재력까지 제한할 수 있다.

걱정은 또한 마음을 혼란스럽게 만들어 판단력을 흐린다. 생각을 분명하게 할 수 없으므로 균형 잡힌 시각을 유지하며, 침착하고 냉철하게 반응할 수 있는 힘을 잃는다. 에이드리엔 호울리는 『벌거벗은 붓다』에서 말한다.

"만일 우리가 소위 '안전'이라고 부르는 것을 걱정하느라 노심초사하면 주어진 상황에서 성숙한 반응을 할 수 없고, 기대하는 결과를 이룰 수 없다."

그녀는 우리가 현실을 있는 그대로 보고, 해결책을 찾기 위해서는 의식적인 탐구와 분석이 필요하다고 주장한다.

나의 외할머니처럼 불필요한 걱정을 하는 습관이 생기면 고치기가 어렵다. 외할머니에게 걱정은 업이자 인격이며 운명이 되었다. 걱정을 할 때마다 걱정은 점점 버릇으로 굳어졌고, 결국 인격의 일부가 되었다. 걱정은 쉽사리 버릇이 된다. 그렇게 되면 마음이 항상 우울한 미래에 가 있기 때문에 현재를 즐길 수 없다.

수는 실제로 지나친 걱정 때문에 힘든 시기를 보냈다. 그녀는 딸의 얼굴에 자신과 같은 결함이 생기는 것을 지켜보며 안절부절못했다. 그녀는 어릴 때 이목구비의 어떤 부위가 너무 작거나 큰 것 때문에 고민했고 학교 운동장에서 놀림을 받기도 했다.

가엾은 딸아이를 보면서 내 삶에서 가장 고통스러웠던 기억들을 되살려야 한다는 사실이 믿을 수 없었습니다. 딸이 내가 겪었던 시련의 일부라도 되풀이할 수 있다고 생각하면 가슴이 찢어질 것 같았죠. 하지만 어떤 식으로든 딸의 자존심을 건드리게 될까봐 털어놓고 이야기할 수도 없었지요. 다른 사람들에게 하소연을 할까도 생각해봤지만, 웃어넘기거나 소문을 내거나 동정을 할 것 같아서 두려웠습니다. 어쩔 수 없이 혼자 괴로워했습니다. 때때로 딸이 매우 아름답게 보이기도 했지만 마음 한구석으로는 슬픔이 북받쳤습니다. 이런저런 걱정으로 기분이 우울해져 하루를 망치곤 했죠. 다른 아이들이 딸

아이의 외모에 대해 수군거리는 소리를 들으면 심장이 덜컥 내려앉았습니다. 딸은 아직 자신의 문제를 심각하게 받아들이지 않지만, 언제까지나 내가 그 아이를 보호할 수 없다는 생각 때문에 마음이 편할 날이 없었습니다.

수는 마침내 자신의 걱정이 눈덩이처럼 불어나 마음의 평화를 깨뜨릴 수 있다는 것을 깨달았다. 그녀는 고통 받는 영혼이 곧 자신의 운명이 될 수 있다는 것을 깨닫고 자신의 업을 변화시키기로 했다.

나는 마음을 다스려야 한다는 것을 알았어요. 하루는 자리에 앉아서 마음이 평온해질 때까지 명상을 했습니다. 그리고 책상에 앉아 글을 쓰기 시작했죠. 내가 어릴 적 외모에 대해 느꼈던 모든 감정, 고독감, 수치심, 아쉬움, 무시당한 서러움에 대해 써내려갔습니다. 복잡한 감정을 글로 옮기다보니 나 자신을 좀 더 분명히 이해할 수 있게 되었습니다.

그다음에는 딸의 용모에 대해 내가 느끼는 두려움의 실체를 밝히고, 좀 더 긍정적인 방향으로 생각을 바꾸기로 했습니다. 우리 아이는 나와 달리 예민하거나 자의식이 강하지 않을 수 있고, 자신의 문제를 다른 관점에서 볼 수 있다고 말이죠. 나는 어릴 때 혼자서 고민하고 괴로워하는 아주 내성적인 아이였습니다. 하지만 우리 딸은 내가 상상하는 것과는 다르게 느끼고 있을지 모른다는 생각이 들었습니다. 아무것도 분명하지 않은데, 쓸데없는 짐작으로 시간을 낭비할 필요가 없지 않겠어요?

딸아이는 뛰어난 유머감각을 비롯해 외모의 결함을 보완해줄 장점이 많기 때문에 '자신의 문제에 골몰하지 않는, 매력적인 사람'이 될 수 있을 것이라고 믿습니다. 내가 딸을 위해 할 수 있는 일은 외모가 아닌, 다른 재능과 능력에서 자신감을 갖도록 돕는 것입니다. 또한 딸의 고통을 덜어줄 수 있는 화목한 가정과 지역사회를 만드는 일에 힘써야겠죠. 무엇보다 긍정적인 가정환경이 아이의 행복에 가장 중요한 역할을 할 테니까요.

우리 딸이 행복하고 성공적인 삶을 사는 사람들을 역할 모델로 삼을 수 있도록 도와주려고 합니다. 그런 사람들을 보니 외모에 신경 쓰기보다는 다른 장점들을 계발하고 성숙한 인격을 갖추고 있더군요.

만약 딸이 고통을 겪는다면 그만큼 성숙하고 깨우친 사람이 될 수 있을 것입니다. 그리고 다른 사람을 동정할 줄 아는 등 중요한 교훈을 배울 겁니다. 내가 겪은 경험을 바탕으로 현명하게 처신한다면 오히려 아이에게 도움을 줄 수 있겠죠. 우리가 더 가까워지는 계기도 될 수 있고요.

어쨌든 걱정이 다시 고개를 들 때, 내가 쓴 글을 읽어보면 도움이 됩니다. 두려움을 완전히 극복했다고 말할 수는 없지만 현실을 좀 더 객관적으로 볼 수 있게 되었습니다. 이제는 미래에 대한 불안감이나 자괴감에 사로잡히지 않을 자신이 생겼습니다. 딸에게 도움을 주려면 내가 먼저 평온하고 현명한 사람이 되어야겠죠.

우리를 걱정하게 만드는 문제를 자세히 들여다보자. 글을 쓰거나 명상을 하면 걱정을 직시하고 극복하는 데 도움이 된다.

피할 수 없다면 받아들여라!

우리는 기술 문명의 발전과 함께 미봉책, 응급처방, 간단한 장치로 문제를 해결하는 시대에 살고 있다. 쏟아지는 광고는 굳이 불편한 것을 견디며 살 필요가 없다는 그릇된 믿음을 심어준다. 그래서 우리는 불편한 것에 질색하고 참고 견디기를 거부한다. 세상에 고통이 있고, 삶은 본래 불만스럽다는 첫 번째 진리를 잊고 있다.

동서고금을 통해 여자는 대부분 끝없는 가사에 파묻혀 살아왔다. 여자는 아이가 종종 심각한 병에 걸리거나 죽는 것을 지켜봐야 했고, 남편의 소유물처럼 지내다가 이혼을 당하면 가정부나 매춘부가 되었다. 그들은 사회적 지위가 없었고, 동정조차 받지 못했다. 고통과 불만은 불가피한 삶의 일부처럼 되었다. 그리고 아직도 전 세계의 많은 여성이 비참한 삶을 살고 있다. 그런 여성들에 비하면 우리는 응석받이에 지나지 않고, 평균적으로 자녀가 1.8명에 불과하며, 상대적으로 편안하고 자유롭게 살고 있다.

하지만 현대의 기술과 광고가 약속하는 것과는 달리, 생활수준이 높아졌다고 해서 고통과 불만족에서 해방된 것은 아니다. 현대 여성은 새로운 방식으로 고통을 겪고 있다. 현대의 남성도 마찬가지이다. 고통은 존재의 본성이다. 그런데 우리는 어떤 고통이나 불편함도 참을 수 없으며 어떻게 해서라도 문제를 해결해야 한다고 생각하기 때문에, 고통을 더욱 고통스럽게 만든다. 삶이 지금과 달라져야 한다고 생각하고, 어떤 목표에 매달리다가 기대에 어긋나면 심하게 좌절하는 것이다.

사실 우리가 두려워하고 걱정하는 것은 어떤 상황보다는 그 상황이 불러오는 감정이다. 무슨 일이 일어나면 어떻게 해야 할지, 앞으로 얼마나 더 두려운 일이 기다리고 있을지 걱정한다. 어떤 고통이나 불만족 자체보다는, 그것을 거부하고 극복해야 한다는 사실이 더 두려운 것이다.

그렇다면 외부 상황을 통제하기보다 우리의 감정을 다스리는 쪽이 효과적일 것이다. 그것이 고통을 줄일 수 있는 훨씬 쉬운 방법이다. 에이드리엔 호울리는 "걱정에서 벗어나려면…… 최악의 사태를 피하는 것보다는 최악의 사태에서 어떻게 대응해야 하는지 아는 것이 필요하다."고 말한다. 어떤 상황을 피할 수 없다면 걱정하는 대신 인내심과 평정심을 수행하는 것이 더 나은 방법이다. 불가피한 상황과 계속 씨름하는 것은 고통과 불행을 부채질할 뿐이다.

걱정을 다스리는 방법

걱정은 '저 밖에서' 우리를 괴롭히는 것이 아니라 우리 마음 안에 존재하는 것이다. 마음을 어떻게 조절하느냐에 따라 경험의 질이 달라질 수 있는데, 붓다는 이를 여러 가지 방식으로 표현했다.

사람은 생각하는 대로 된다. 모든 것은 우리의 생각과 함께 일어난다. 우리가 생각하는 것이 세상을 만든다.

방심은 우리의 가장 큰 적이다. 하지만 우리 마음을 스스로 다스릴 수 있게 된다면 그것만큼 도움이 되는 것도 없다.

마음먹기에 따라 모든 것이 달라진다. 마음이 대장이다. 모든 것이 마음에 달려있다.

우리가 고통을 받는 것은 대부분 잘못된 인식 때문이다. 우리의 인식은 종종 실수를 한다.

명상과 마음챙김으로 우리가 하는 생각을 지켜보면 스스로 만들어내는 무서운 이야기를 추적해볼 수 있다. 생각은 눈덩이처럼 불어나며, 점점 드라마틱해진다. 현실을 왜곡하고 과장하다보면 〈우리 아빠 야호 Parenthood〉라는 영화에서 스티브 마틴이 아이들에게 시달리다가 막내아들의 총을 맞는 상상을 하는 것처럼 심각한 상태에 이를 수 있다.

분노와 마찬가지로 걱정 역시 부적절한 문제에 주의를 기울이면서 시작된다. 걱정은 현실을 일부 과장하고 강조해서 결국 그 안에 우리를 가두어버린다. 틱낫한 스님은 『사랑의 가르침』에서 걱정하는 마음을 다스릴 필요가 있다고 말한다.

"마음챙김을 하면 어떤 생각이 나 자신이나 내가 사랑하는 사람들에게 도움이 되지 않는다는 것을 알고 부적절한 생각을 버릴 수 있다."

집착을 버린다

비합리적인 믿음이 어떻게 걱정을 만들어내는지 알아보자. 우리가 걱정을 하는 이유는 믿음과 경험이 일치하지 않기 때문이다. 우리가 생각하는 세상과 경험하는 현실이 다른 것이다. 따라서 우리의 생각을 점검해볼 필요가 있다. 한 엄마는 자신의 걱정이 편협한 생각에서 나온다는 것을 알았다.

성장기에 받은 종교 교육으로 인해 선과 악, 천당과 지옥, 행복과
슬픔, 안전과 위험으로 나누어서 생각하는 이분법적인 사고방식에
빠지게 되었습니다. 지금 나에게 필요한 것은 이런 이분법적 사고를
극복하는 것입니다. 엄격한 흑백논리로 세상을 재단하다보면 계속
해서 긴장과 걱정이 쌓일 수밖에 없습니다. 세상은 이분법적 사고만
으로는 설명할 수 없는 일이 너무 많기 때문입니다. 따라서 지금은
선과 악에 대한 편협한 생각에서 벗어나 평정심과 안정을 추구하기
위해 노력하고 있습니다.

아마 대부분의 엄마는 자녀는 절대 고통 받아서는 안 되고 항상 행복
해야 한다고 믿을 것이다. 하지만 조금만 생각해보면 이런 믿음은 전혀
합리적이지 않다는 것을 알게 된다. 아이도 우리와 마찬가지로 실망과
고통에서 무언가를 배운다. 아이의 고통을 좀 더 철학적이고 포용성 있
게 받아들일 필요가 있다. 젊어 고생은 사서도 한다는 말이 있듯 성장
기에 어려움을 모르고 자란 사람은 성인이 된 후 뒤늦게 방황하기 쉽
다. 온실 속에서 세상의 고통을 모르고 자라면 지혜와 자비심, 감수성
을 배울 수 없기 때문이다.

미국에서 가장 영향력 있는 심리학자 마틴 셀리그먼 교수는 〈어린
시절의 신화*Myths of Childhood*〉라는 다큐멘터리에 출연해서 이렇게
강조했다.

부모나 교사가 항상 아이의 기분을 맞추어주려고 노력하는 것은

아이를 유약하게 만들 수 있습니다. 아이에게 인생에서 불가피하게 겪어야 하는 실패와 거부에 대처하는 능력을 앗아가기 때문이죠. 아이를 항상 행복하게 해주어야 한다는 태도는 아이가 좌절감을 극복하는 능력을 배우지 못하게 하고, 마치 어른이 발달단계마다 물리적으로 방해하고 수치심을 준 것처럼 생각하게 합니다.

붓다의 부친은 왕으로서 부와 지위를 누렸지만 아들 싯다르타를 바깥세상으로부터 보호할 수 없었다. 그는 아들에게 부족함을 모르는 행복한 어린 시절을 만들어주고 싶었지만, 싯다르타는 세상을 있는 그대로 보고 싶어 했다. 싯다르타나 다른 사람들과 마찬가지로, 우리의 아이들도 고통을 알아야 한다. 고통은 부정하고 저항할수록 더욱 커진다. 아이를 깊이 사랑하고, 아이가 고통과 싸워서 이길 수 있도록 최선을 다해 도와주어야 하지만, 지나친 걱정은 자제해야 한다.

우리가 하는 걱정들을 자세히 관찰해보면 우리의 불만이 무엇인지, 불교 용어로 말하자면 어떤 부분에서 고통과 불안의 원인인 집착을 버리지 못하는지 알 수 있다. 욕심이 클수록 걱정은 많아질 수밖에 없다. 따라서 모든 것을 느긋하게 생각할 필요가 있다. '아이가 공부를 잘해야 한다.'라는 생각을 '우리 아이가 공부를 잘하면 좋겠지만 못해도 하는 수 없다.'라고 바꾸는 것이다. 분명 두 번째 태도가 가정의 평화에 훨씬 더 도움이 될 것이다.

아홉 살짜리 아들을 둔 애나라는 현명한 친구가 있다. 그녀의 아들은 어릴 때 언어 발달이 또래에 비해 늦었는데, 지금도 공부를 썩 잘하지 못하고 운동에는 아예 소질이 없다. 하지만 그 아이는 손으로 고치고 조립하고 만드는 놀이를 좋아하고, 아이디어가 무궁무진하다. 애나는 자신의 아이가 '팔방미인'이 아니라고 해서 걱정하고 초조해하는 부모를 보면 이상하게 여긴다. 그녀는 아이가 완벽해져야 한다거나 또래보다 뒤처지면 안 된다고 생각하지 않는다. 물론, 아이가 훌륭한 교육을 받을 수 있도록 최선을 다해 배려하지만 불가피한 사실을 바꾸려고 하지는 않는다. 사랑과 관심을 갖고 아이를 지켜보면서도 초조해하지 않는 것이다. 그녀는 자신이 욕심을 부리면 나름대로 행복한 삶을 살고 있는 아이에게 부담을 줄 수 있다는 것을 알고 있다.

부모가 자녀에게 바라는 것은 때로 집착이 될 수 있다. 만일 아이가 어떤 식으로 우리의 자긍심을 높여주기를 바란다면 그것은 집착이다. 물론, 아이의 행복을 바라는 순수한 마음에서 뭔가를 기대할 수는 있겠지만, 능력 이상의 힘을 발휘하라고 요구하는 것은 욕심이며 우리 스스로 걱정거리를 만드는 것이다. 아이는 뭔가를 잘하고 못하는 것에 상관없이 자긍심을 갖고 자라야 한다. 오늘날의 경쟁적인 교육 환경 속에서 쉽지 않은 문제이긴 하지만, 적어도 부모는 결과보다는 노력을 칭찬해 줄 수 있는 마음가짐을 지녀야 한다.

호흡명상을 한다

명상은 분노뿐 아니라 걱정을 진정시키는 해독제이다. 컴퓨터가 말을 안 들을 때 재부팅을 하는 것처럼, 명상을 하면 좀 더 차분해진 마음으로 돌아갈 수 있다. 불안할 때는 현재 순간에 전념하려고 애쓰는 것이 최선이다. 우리가 통제할 수 있는 시간은 현재뿐이기 때문이다. 호흡명상은 지금 이곳에 집중할 수 있도록 하는 최선의 방법이다. 걱정이 우리가 사는 세상을 협소하게 한다면, 명상은 우리 생각이 만드는 제한적인 세상보다 훨씬 더 큰 세상을 연결해서 마음을 여유롭게 해준다.

어떤 걱정 때문에 슬프거나 두렵거나 무기력하게 느껴질 때, 그 걱정이 우리를 불행하게 만드는 '기정사실'처럼 느껴질 때, 호흡명상을 통해 안정을 취한다. 선스승이며 심리치료사인 세 아이의 엄마, 수바나 바르자이는 걱정이 있으면 호흡명상을 하라고 권한다. 우선 호흡에 정신을 집중하면서 걱정 때문에 긴장하고 있는 신체 부위가 어딘지 확인한다. 호흡을 하면서 그 부분에 초점을 맞추고 긴장을 푼다. 숨을 내쉴 때마다 긴장과 고통의 원인인 부정적인 생각이 점점 밖으로 빠져나가는 상상을 한다. 수바나는 이 수행이 격한 감정을 '누그러뜨린다'고 말한다.

우리는 일단 어떤 문제에 대한 태도를 정하면, 자신의 관점과 접근방식이 올바른지 질문하는 것을 잊어버린다. 또 편협한 관점에 사로잡히거나 감정에 치우쳐서 진실을 간과하기도 한다. 이럴 때, 고요한 마음으로 정신을 집중하고 문제를 깊이 들여다보는 명상을 시도한다. '이런 식으로 문제에 접근하면 결과는 어떻게 될까?', '나는 지금 어떤 함정에 빠져있는가?'와 같은 질문을 해보고 창의적인 대안을 찾아보자. 머릿속이 혼란스러울 때는 호흡명상으로 고요하고 여유로운 마음을 찾은 후에 시작한다.

미소를 띤다

자주 웃는 것은 특히 걱정되는 일이 있을 때 도움이 된다. 어떤 수행자는 붓다가 하는 것처럼 미소를 띠고 명상을 한다. 또 어떤 사람은 하루 종일 미소를 띠려고 노력한다. 지금 자신에게 미소를 지어보고 우리 몸에 어떤 미묘한 변화가 일어나는지 느껴보자. 대화할 때도 환하게 웃으면서 하면 훨씬 기분이 좋아진다.

두려움이 현실이 될 때

우리가 느끼는 두려움과 걱정이 충분한 근거가 있을 때, 불교는 어떤 도움이 될 수 있을까? 스스로 걱정거리를 만들고 있는 것이 아니라 현실적으로 부정할 수 없고 참기 어려운 고통이 가까이에 있다면, 그것은 더 이상 우리 생각을 조사해서 해결할 수 있는 문제가 아니다. 아이가 많이 아프다거나, 학습장애, 혹은 운동장애를 갖고 있을 수 있다. 인기 있는 육아 잡지 《시드니스 차일드》 2001년 3월 호의 기사에는 여러 엄마의 이야기가 실렸다. 그중에 고등학교 1학년 딸에 대해 쓴 한 엄마의 글이 있었다. 제목은 '내 딸은 왕따를 당하고 있으며, 우리 모녀는 한 학기를 지옥에서 보내고 있다'였다.

"딸아이는 다른 아이들과 어울리지 못하고 따돌림을 당했다. 아이들은 내 딸에 대해 수군거리고 미워하고 경멸하고 웃음거리로 만들었으며, 무엇보다 매우 잔인한 방식으로 무시했다."

그녀는 딸이 비열한 이메일을 받고, 방학이 되면 만나는 친구가 한 명도 없고, 아침에 일어나면 '아프다'고 하면서 학교에 가지 않겠다고 하는 사례를 기술하고 있다. 어느 엄마가 두려움과 걱정으로 미칠 지경이 되지 않겠는가? 그 엄마는 이렇게 썼다.

"나는 천천히 미쳐가고 있었다. 친구도 피하고, 모임에도 나가지 않고, 아이 옆에서 함께 고통스러워했다. 이 일이 얼마나 오래 계속될까? 이런 식으로 얼마나 오래 버틸 수 있을까?"

그렇게 꼬박 1년을 보낸 후, 마침내 아이는 전학을 했고 모녀는 고통에서 벗어났다. 그 엄마는 고통을 통해 무엇을 배웠는지 이야기했다.

"상처를 받지 않을 수 있는 방법은 없다. 잔인함을 막을 수 없다. 나는 딸을 위해 뭐든지 할 수 있지만 삶의 시련에서 구출해줄 수는 없었다. 시련은 언제 어디에나 있다."

우리는 세상에는 고통과 불만이 있다는 첫 번째 진리를 인정해야 한다. 고통에서 눈을 돌리려고 해도 소용없다. 불편한 감정을 피해갈 수 없다. 피할 수 없으면 당당히 맞서는 수밖에 없다. 불교에서는 이러한 고통을 경험하면 다른 사람에 대한 측은심이 더욱 깊어진다는 점을 강조한다. 학창 시절에 왕따를 당했던 엄마는 같은 문제로 고민하는 아이에게 도움을 줄 수 있다. 그리고 그 아이는 또 다른 피해자에게 믿고 의지할 수 있는 친구가 되어줄 수 있다.

이 경우 불교에서 말하는 무상함은 우리에게 또 다른 위안을 준다. 티베트의 위대한 스승이자 시인인 밀라레파의 노래에서는 이렇게 표현되었다.

불행을 두려워하는가?
과거에 불행을 경험했는가?
물론 불행이 닥치면 무척 고통스러울 것이다.
삶의 비애는
바다의 밀려오는 파도처럼

끊임없이 이어진다.
파도가 밀려나가면
곧 다른 파도가 밀려온다.

우리가 경험하는 것은 무엇이든 형태를 바꾸거나 강도를 달리하다가 언젠가 사라진다. 왕따를 당하는 딸을 걱정하는 엄마의 이야기에서도 아이는 결국 전학을 갔지만, 고통은 계속 형태를 바꾸다가 마침내 자취를 감추었다.

아들이 셋인 린은 첫아들을 키울 때, 수유에서부터 성장발육, 학교 등 여러 가지 문제로 많은 고민을 했다. 하지만 다행히도 그런 문제들은 시간이 가면서 저절로 해결되었다. 그러면서 둘째를 키울 때는 훨씬 더 느긋해졌고, 셋째를 키울 때는 아무 걱정이 없다고 말할 정도가 되었다. 그녀는 지금 자신이 왜 쓸데없는 걱정을 했는지 의아해한다.

세 아이의 엄마인 밀라 카밧진의 이야기도 우리에게 위안이 된다. 그녀는 남편과 함께 『매일의 축복, 마음챙김 육아의 내면 효과Everyday Blessings, The Inner Work of Mindful Parenting』라는 책을 공동 저술했다. 그들은 아이들을 있는 그대로 받아들이는 것만으로도 큰 도움이 된다고 강조한다. 말썽꾸러기라도 그대로 인정해주라는 것이다.

"아이들은 언제라도 부모의 무조건적인 사랑의 샘물을 찾아 돌아올 수 있다고 느끼면, 어떤 어려움과 도전이라도 이겨낼 수 있다. 내면의 성장과 치유는 부모의 온전한 사랑을 필요로 한다."

자녀에게 귀 기울이기

첫아이를 임신했을 때, 나는 별 생각 없이 자원봉사 전화 상담원이 되기 위한 교육을 받았다. 하지만 아이 낳고 모유 수유를 시작하면 한 번에 네 시간씩 근무를 할 수가 없을 뿐 아니라 집안 일도 배로 늘어난다는 것을 미처 생각하지 못했다. 어쨌든 자크가 태어나기 전에 교육과정을 마친 나는 열 번 정도 교대 근무를 하면서 귀 기울여 듣기의 몇 가지 원칙을 배우게 되었다. 나중에 육아 책에서 똑같은 원칙을 다시 읽었는데, 모두 불교의 가르침과 일치했다.

귀 기울이기는 집중력, 자제력, 그리고 침묵을 요하는 일종의 명상 수련이 될 수 있다. 어떤 판단도 하지 않으면서 자신의 생각과 의견을 말하는 것을 보류하고, 화자의 현실 인식에 초점을 맞추는 것이 필요하다. 아이가 슬픔과 분노와 같은 감정을 표현할 때는 그런 감정을 느끼는 것은 자연스러운 일이며, 부정적인 감정은 건설적으로 처리할 수 있다는 것을 알게 해야 한다. 그러면 아이는 사춘기가 되어 좀 더 어려운 도전을 마주했을 때도 부모에게 도움을 구하러 올 것이다. 두 아이를 둔 어느 엄마는 아이에게 귀를 기울일 수 있는 것이 불교 수행에서 얻을 수 있는 가장 큰 혜택이라고 말한다.

아이에게 온전하게 귀를 기울일 수 있는 분위기를 조성하는 것이 중요하다. 마음을 열고 참을성 있게 들을 준비를 하는 것과 함께 주변의 소음에도 신경을 써야 한다. 이런 노력은 언젠가 보답을 돌려줄 것이다. 아이는 불쾌한 감정을 억누르거나 막지 않고 다양한 감정을 충분히 겪으면서 건강하게 성장할 수 있다.

판단하지 않는다

때로 아이가 걱정하는 문제는 어른 생각에는 매우 어리석어 보일 수 있다. 하지만 그 대상이 옷장 속의 괴물이든 연필을 훔쳐가는 이웃집 소년이든 아이에게는 심각한 문제이다. 우리도 어릴 땐 말도 안 되는 것에 잔뜩 겁을 집어먹곤 했다는 걸 기억하자. 따라서 아이의 눈높이에 맞추어 세상을 바라볼 필요가 있다. 어떤 판단도 내리지 말고, 아이의 내면세계로 들어가 아이가 느끼는 감정의 강도를 이해하려고 노력해보자. "바보 같이 굴지 마라. 겁먹을 필요 없다."는 식으로 무시해버리면 아이는 마치 자신의 현실 인식이 잘못되었거나 중요하지 않다는 생각을 할 수 있다.

끝까지 듣는다

아이가 이야기할 때 끼어들지 말자. "계속해보렴.", "아, 그랬구나." 하고 맞장구를 치거나, 조용히 귀를 기울여서 아이가 편안하게 이야기를 계속하도록 해야 한다. 중간에 끼어들거나 당장 해결책을 말해주고 싶은 유혹을 물리치자. 아이는 자신의 이야기를 엄마가 진지하게 들어주길 바란다. 우리가 생각하는 관점이나 경험담을 이야기해주고 싶은 욕구(예를 들어, "그 말을 들으니까⋯⋯내가 어릴 적에⋯⋯."와 같은)는 잠시 보류하고 아이의 문제에 초점을 맞추어야 한다. 중간에 끼어들면 아이가 끝까지 얘기하고 싶은 마음이 사라질 수 있다.

공감을 표시한다

질문을 하기보다 아이가 말한 것을 우리 자신의 말로 확인한다. 성급한 판단을 추가하지 말고, 아이가 한 말을 요약해서 서술한다. 예를 들면 이런 식이다.

> 아이: 걔네들이 내가 크리켓 배트를 사용하지 못하게 했어요. 다른 애들은 다 그 배트를 사용했는데, 나는 손도 대지 못했어요.
> 부모: 그러니까 너한테 차례가 돌아오지 않았던 거구나.

어떤 질문을 해서 대답을 듣기보다 아이가 <u>스스로</u> 하고 싶은 말을 편안하게 계속할 수 있도록 한다.

감정에 초점을 맞춘다

아이에겐 모든 감정을 느낄 권리가 있다. 과격하거나 사회적으로 수용할 수 없는 감정을 느낄 수도 있다. 우리는 다만 아이에게, 잘못된 감정은 없으며 잘못된 행동이 있을 뿐이라는 걸 가르쳐줄 필요가 있다. 아이가 감정에 대한 어휘를 풍부하게 알수록 부정적인 감정을 함께 이야기 나누고 문제점을 진단하기가 쉽다. 아이가 하는 말을 이해한다는 것을 보여주기 위해서는 아이가 느끼는 감정을 확인해주는 것이 좋다. 다음에 열거한 네 가지 중요한 감정 상태를 표현하는 단어들을 사용해서 아이가 자신의 감정을 올바른 단어로 표현할 수 있도록 도와주자. "너는 지금……하다고 느끼는 것 같구나."

분노: 실망스럽다. 기가 막히다. 미칠 것 같다. 부글부글 끓어오른다. 신경질이 난다. 울화가 치민다. 답답하다. 성가시다. 짜증스럽다.

분통이 터진다. 무시당한 기분이다. 몰라준다.

슬픔: 거절당했다. 암담하다. 희망이 없다. 힘이 빠진다. 불행하다. 가슴이 아프다. 우울하다. 기분이 가라앉는다. 눈물이 난다. 공허하다.

중압감: 당황스럽다. 겁난다. 불안하다. 충격을 받다. 감당하기 힘들다. 안절부절못하다. 긴장하다. 초조하다. 답답하다. 쫓기는 기분이다.

혼란: 심란하다. 착잡하다. 정신이 없다. 어리둥절하다. 걱정스럽다. 함정에 빠졌다. 뭐가 뭔지 모르겠다. 불확실하다. 불안정하다. 어쩔 줄 모르겠다. 결정을 할 수 없다. 멍하다.

스스로 문제를 해결하도록 한다

아이가 힘들어할 때, 부모가 이러저러하게 하라고 가르쳐줄 수 있으면 더 쉽겠지만, 아이 스스로 문제를 해결할 수 있도록 옆에서 지켜보자. 지속적인 지도와 조언을 제공하되 아이가 주도적으로 진행하도록 맡겨둔다. 그러면 언젠가 부모의 도움 없이도 유능하게 문제를 해결할 수 있을 것이다. 다음 질문은 아이가 스스로 문제를 해결하는 데 도움이 될 수 있다.

- 어떻게 하면 좋을까?
- 그렇게 해서 안 되면 어떻게 할 거니?
- 전에는 어떤 시도를 해봤니?

아이가 문제를 해결하는 방식이 가족이 지향하는 바에 맞는지 점검한다. 해결책은 공정하고 정직한가? 다른 사람을 배려하는가? 누가 상처를 받지 않는가? 하지만 아이가 하는 말에 귀를 기울이고 아이의 감정을 탐색하는 것이 먼저라는 점을 유념하자. 자기의 의견을 다 설명하기도 전에 참견을 하면 누구라도 화가 나는 법이다.

마음챙김 수행을 한다. 우리의 감정과 반응을 관찰하면서 마음속으로 질문한다. '이 순간 내가 해야 하는 것은 무엇인가?', '지금 내가 이야기를 해야 하는가, 잠자코 있어야 하는가?' 아이와 나눈 대화를 다시 곱씹어보고 실수에서 배우는 것도 필요하다. '내가 중간에 끼어들지는 않았는가?', '아이가 하는 말을 다 듣기 전에 내가 너무 많은 말을 한 건 아닌가?', '아이에게 기회를 주기 전에 내가 먼저 성급한 판단을 내린 건 아닌가?'

고통은 우리를 강하게 한다

삶이 순탄하게 흘러갈 때는 수행이 그다지 어렵지 않을 수 있다. 고민이 없고 기쁜 일이 많을 때는 몸과 마음이 건강하고 수행이 수월하게 느껴진다. 그래서 힘든 일이 닥치기 전에는 우리가 정신적으로 얼마나 성숙해졌는지 알 수 없다. 시련은 우리 자신에 대해 배우고 자기 인식을 높일 수 있는 기회가 된다. 하지만 부모에게 아이가 힘들어하는 것을 보는 것보다 더 큰 시련은 없다.

『마음과 함께하는 길 *A Path with Heart*』에서 잭 콘필드가 한 말은 고민하는 부모에게 위로가 된다.

삶이 힘들수록 수행이 깊어진다. 아이가 불가피한 사고를 당하거나 병에 걸리기도 한다. 비극은 일어난다. 그럴수록 변함없는 부모의 사랑과 지혜가 필요하다. 우리는 고통을 통해 수행을 깊게 하고, 진실한 영적인 힘을 발견할 수 있다.

집안일이 바빠서 정식으로 수행을 할 시간이 없다고 생각할 수 있다. 하지만 오히려 가정생활이야말로 수행을 위한 훌륭한 기회가 될 수 있다.

지나친 걱정은 백해무익하다

- 걱정을 조절하지 못하면 아이에게 상처를 줄 수 있다.
- 걱정은 할수록 점점 더 눈덩이처럼 불어난다.
- 우리가 하는 걱정은 모두 업이 되어 돌아온다.
- 글쓰기는 걱정을 의식적으로 탐색하고 다스리는 방법이다.
- 어느 정도의 고통은 우리 삶의 일부로 자연스럽게 받아들인다. 고통에 저항하는 것은 고통 자체보다 더 고통스러울 수 있다.
- '우리 아이는 고통을 받으면 안 된다.'는 식의 비합리적인 믿음에 빠져있지는 않은지 확인한다.
- 생각이 부풀려지거나 왜곡되는 것을 인식한다.
- '부적절한 주의'를 인식하고, 의지력으로 중지시킨다.
- 무리한 요구(무의식적인)를 하고 있는 것은 아닌지 인식한다.
- 가능하면 자주 미소를 짓는다.
- 모든 감정은 형태나 강도를 바꾸다가 언젠가 사라진다는 것을 기억한다.
- 아이가 하는 말을 성급하게 판단을 하지 말고, 끝까지 귀 기울여 듣는다.

- 고통은 우리를 성숙하게 해준다는 것을 기억한다.
- 명상을 해서 여유를 갖고 긴장을 늦춘다.
- 마음챙김으로 걱정을 탐색한다. 떠오르는 생각을 관찰하고, 새로운 방향에 마음을 연다.

06

인간관계

아이를 키우다 보면 편협하고 인색해질 수 있다. 피곤하고 기진맥진할 땐, 다른 사람에게서 좋은 점을 찾기보다 비난하고 미워하기 쉽다. 불교는 마음을 열고 고정관념을 버리라고 권한다. 엄마는 이미 아이에 대한 사랑을 통해 마음의 혁명을 경험했기 때문에 알게 모르게 사랑의 힘을 알고 있다.

영원한 것은 없다. 모든 것은 일시적이거나 변화하는 과정에 있다. 특히 아이가 생기면 친구와 가족 간의 관계가 변화한다. 오랜 세월에 걸쳐 끈끈하게 엮여있는 것처럼 보였던 관계도 갑자기 변화를 겪는다. 친정 부모와 시부모와의 관계에도 새로운 변수가 작용하게 된다. 그분들이 손자와 손녀에게 어떻게 하느냐에 따라 훨씬 더 가까워질 수도 멀어질 수도 있고, 감사하는 마음이 생길 수도 원망을 하게 될 수도 있다. '시부모가 손자와 한통속이 되어서' 며느리를 따돌리는, 그 유명한 신드롬으로 고통을 겪게 될지도 모른다.

아이가 생기면 종종 아이가 없는 친구와 멀어진다. 서로 만날 기회도 적어지고, 전화도 마음 놓고 하지 못한다. 아이 없는 친구가 엄마가 된 처지를 얼마나 이해할 수 있겠는가? 그래서 어떤 친구는 멀어지고, 어떤 친구는 우리 삶에서 완전히 사라지기도 하면서 커다란 아쉬움을 남긴다.

한편 다른 부모와 육아에 대한 관심을 나누면서 새로운 우정이 싹틀 수 있다. 아이가 함께 노는 동안 부모는 서로 도움을 주고 어울리면서 특별한 유대감을 느낀다. 반면에 서로 경쟁하고 비판하고 시샘할 수도 있다. 무엇보다 각자가 부모의 역할, 가족과의 관계, 육아 방식에 대해 서로 달리 생각하고 있기 때문이다. 많은 엄마는 다른 엄마가 하는 결정과 가치관을 이해하는 아량이 부족하다.

그리고 무엇보다 중요한 관계는 가족이다. 배우자와의 관계에 대해서는 따로 이야기할 터이지만, 무엇보다 우리에게 의미심장한 존재는 아이다. 아이를 우리의 정신적 스승이라고 말하는 것으로는 부족하다. 아이는 끊임없이 우리를 현재의 순간으로 끌어당기고, 새로운 문제를 제시하고, 우리의 생각을 재고하게 만든다. 우리의 기대와 의견과 성향에 도전하는 것 같다. 아이는 이 세상에는 영원한 것이 없다는 진리를 깨우쳐주는 더없이 훌륭한 스승이다. 우리가 어떤 문제에서 요령을 터득했다 싶으면 곧 새로운 도전을 제시하거나 다음 장으로 넘어가니까 말이다.

인간관계는 불교의 가르침을 실천하는 훌륭한 훈련장이 된다. 나이를 먹을수록 현명해지고 있다고 스스로 생각할지 모르지만, 정말 그런지는 인간관계에서 드러난다. 인간관계를 보면 우리가 정신적으로 얼마나 성숙했는지 알 수 있다. 우리가 만나는 사람은 모두 우리의 영적 스승이다. 인간관계에서 어떤 행동을 하고, 무슨 말을 하고, 어떤 생각을 하는지를 살펴보면 자신이 얼마나 인내심 있고 친절하고 정직한지, 욕심과 증오와 망상에서 자유로운지 알 수 있다.

난 언제나 틀릴 수 있다

부모가 되면 아이를 어떻게 키워야 하는지에 대한 문제에서, 우리가 누구이고 어떤 일을 할 수 있는지에 대한 문제까지, 이전에 갖고 있던 많은 생각이 바뀌게 된다. 내 친구 조앤은 이렇게 말한다.

"내가 안다고 생각했던 것들을 이제는 모른다는 걸 인정하게 되었어. 이제는 보라돌이, 뚜비, 나나, 뽀가 서로를 아주 많이 사랑한다는 것 말고는 아는 것이 없는 것 같아."

불교의 관점에서 보면 낡은 생각을 재고하거나 버리는 것은 유익한 일이다. 자신의 생각과 판단에 매달리는 것은 고통의 원인이 되기 때문이다. 그렇다고 해서 주관을 갖지 말라는 것은 아니다. 단지 지나치게 자신의 생각만 고집하면 스스로 힘들어진다는 뜻이다.

아이를 키우다보면 편협하고 인색해질 수 있다. 피곤하고 기진맥진할 땐, 다른 사람에게서 좋은 점을 찾기보다 비난하고 미워하기 쉽다. 예를 들면, 육아 문제와 관련해 다른 엄마를 비판한다. '그 여자는 늦게 퇴근을 하기 때문에…… 그 집 애들은 버릇이 없어.', '그 여자는 직업이 없으니까…… 어렵지 않지.', '그 여자는 너무 엄해서…… 애들이 기를 못 펴는 거야.', '그 여자는 너무 응석을 받아주니까…… 애들이 천방지축이야.'

하지만 이런 비난을 받으면 어떤 엄마라도 당장 여차저차한 일로 그럴 수밖에 없다고 자신을 변호할 것이다. 엄마 각자가 처한 상황이 다르므로 제3자가 판단할 문제가 아닌 것이다. 그 엄마가 어떻게 하루를 보내는지, 어떤 도움을 받고 있는지, 어떤 의도로 행동하는지 알 수 없다. 또한 가정 형편이 얼마나 어려운지, 얼마나 잠이 부족한지, 어떤 감정 상태에 있는지 알 수 없다.

종종 육아 방식의 차이 때문에 오랜 친구 사이가 멀어지기도 하는데, 이런 일이 일어나는 이유는 자신의 의견과 관점에 너무 집착하기 때문이다. 너무 자기 생각에만 집착하면 다른 사람을 무시하기 쉽다. 그리고 집성제에서 설명하듯, 집착은 불행의 원인이다.

처음에 나는 자기주장을 하는 것이 해로울 수 있다는 불교의 가르침을 의아하게 생각했다. 서양에서는 논쟁하고 견해를 고수하고 방어하라고 가르친다. 그래야 강하고 똑똑하게 보이기 때문이다. 주관이 뚜렷하지 않으면 정체성이 모호한 사람인 것 같다. 또 다른 사람에게 느끼는 부정적인 감정을 합리화하고, 우리가 그들과 다르다는 것을 보여주기에 편리한 방법이기도 하다. 부모가 서로를 비판하는 풍조에 대해 한 친구는 이렇게 비아냥거렸다.

"아이가 모두 이웃집에서 자란다면 아주 완벽한 세상이 될걸."

나는 불교를 통해 그동안 친한 친구들과 사이가 벌어진 이유가 내 주장을 굽히지 않았기 때문임을 깨달았다. 내 생각을 주장하면서 종종 친구의 감정을 짓밟았던 것이다. 내 이야기를 하느라고 다른 사람에게 마음을 열고 귀를 기울이지 못하거나, 그들의 의견을 고려하지 않고 성급한 판단을 내리곤 했다.

부모가 되면 새로운 문제에서 확고한 입장을 지켜야 한다고 느낀다. 나는 아이가 군것질을 하도록 내버려두는 부모를 비난했다. 하지만 그들의 속사정을 누가 알겠는가? 수면 부족에 시달린다거나 감기에 걸려서 힘든 생활을 하고 있을지도 모른다. 게다가 군것질이 항상 '나쁘다'

고만 할 수도 없는데 마치 대단한 불문율이나 되는 것처럼 고집할 필요가 있는가?(나 자신도 피곤할 때는 '배달 음식'을 시킬 때가 많다는 것과 매일 초콜릿을 즐겨 먹는다는 사실을 언급하지 않더라도) 다른 부모를 비난하면서 인내심 많고 관대한 사람이 되겠다는 목표에서 점점 멀어져갔던 것이다.

나 스스로 군것질에 대한 생각을 지키는 것은 상관없지만, 이 문제로 나와 다른 사람을 구분한다면 얻는 것보다 잃는 것이 더 많을 것이다. 불교는 마음을 열고 고정관념을 버리라고 권한다. 우리는 삶에 대해 다양한 질문을 하고, '사실'보다는 신비에 마음을 열어야 한다. 명상과 마음챙김은 비판하거나 판단하지 않고 고정관념과 자동적인 반응에 저항하는 능력을 기를 수 있는 방법이다.

다른 부모를 평가하고 비판하기보다 측은심을 보여주자. 우리도 뭔가 잘못했을 때 다른 사람이 측은심을 보여주기를 바라지 않는가? 아이를 여럿 키워본 엄마는, 같은 형제라도 어떤 아이는 수월하고 어떤 아이는 두 배가 힘들다고 한다. 마찬가지로 엄마들도 각자 아이를 키우는 방식이 다를 수 있다는 걸 인정하자.

자신의 경험을 통해 배우고 성장하는 것이 제일이다. 부정적인 생각이 들면 탐색하는 자세로 그 생각을 좀 더 깊이 들여다보자. 왜 그러한 생각이 드는지 자문해보고, 아주 솔직하게 답해보자. 그 사람 앞에서 움츠러드는 이유는 무엇인가? 그 여자는 왜 기억하고 싶지 않은 일을 자꾸 생각나게 하는가? 내가 경쟁심을 느끼고 있는 건가? 이 관계에서 무엇을 배워야 하는가? 그 사람에 대해 느끼는 부정적인 감정을 측은심으로 바꿀 수 있는가?

집착 대 사랑

붓다는 집착은 고통과 불행의 원인이라고 가르쳤다. 특히 사람들과의 관계에서 그렇다. 집착하면 순수한 호의가 조건부로 변한다. 상대방이 우리의 기대에 어긋나는 행동을 하면 좋은 감정이 사라지는 것이다. 대놓고 표현하지는 않더라도 은근히 기대했다가 실망하기도 한다. 집착은 사랑도 애정도 아니며, 상대방에게 매달리고 의지하게 만든다.

진정한 사랑은 상대방이 고통에서 벗어나 행복하기를 바라는 것이다. 진정한 사랑은 무조건적이다. 상대방이 우리를 어떤 식으로 대하든 사랑의 감정은 변하지 않는다. 자식에 대한 부모의 사랑을 생각해보면 알 수 있다. 자식이 아무리 말썽을 부리고 속을 썩여도 부모의 사랑에는 변함이 없다.

집착은 상대방을 '나의 소유물'처럼 생각하고, 무슨 일이 있어도 놓치지 않으려고 매달리는 것이다. 상대방에게 나와 같은 견해와 관심과 취향을 강요하기도 한다. 그러다가 상대방이 기대에 어긋나는 행동을 하면 실망하고, 미워하게 된다. 반면 진정한 사랑은 상대방에게 자기 자신이 될 수 있는 자유와 여유를 제공한다.

누군가에게 집착하면 그가 우리를 행복하게 해주어야 한다고 여기게 된다. 다른 사람에게 우리의 행복을 책임지라는 것이 공정하고 타당한 일인가? 인간관계는, 이 세상의 모든 현상과 마찬가지로 무상하다. 우리가 계속 변하는 것처럼 모든 관계는 끊임없이 변화하므로, 자신의 행복을 누군가에게 의지한다면 결국 불행해질 수밖에 없다. 우리는 각자 홀로서기를 한 상태에서 더불어 살아가야 한다. 관계에 매달리지 않으면,

내적인 평화가 깊어지며 여러 걱정과 불안, 두려움에서 자유로워진다.

엄마들은 특히 자녀에 대한 사랑이 집착이 아닌지 점검해볼 필요가 있다. 아이를 있는 그대로 사랑하며, 아이가 독립적이 되도록 격려하고 있는가? 자신의 두려움과 욕심을 투사하지 않고 아이를 있는 그대로 인정하는가? 아이가 뭔가를 잘하거나 못한다는 사실에 전전긍긍하지 않고, 아이의 재능, 취향, 성향을 수용하는가?

어떤 부모는 자기가 이루지 못한 꿈을 아이에게 기대한다. 이런 경향은 예를 들어, 아이를 운동선수로 키우려는 부모에게서 흔히 볼 수 있다. 부모의 역할은 아이를 통제하는 것이 아니라 보호하는 것임을 상기할 필요가 있다. 세 살 된 아들을 둔 한 엄마는 이렇게 지적한다.

나는 누가 내 아들에게 간섭하는 것을 좋아하지 않았습니다. 친구나 친척이 우리 아이에게 존댓말을 사용하라거나, 얌전하게 행동하라거나, 조용히 하라고 주의를 주면 모욕감을 느꼈지요. 남 일에 쓸데없이 참견한다고 생각했어요. 또한 이혼한 전남편이 아들 문제로 이러쿵저러쿵하는 것을 참기가 어려웠어요. 그의 생각은 내 방식이나 규칙과는 너무 달랐으니까요.

하지만 시간이 흐르면서 아들은 내 소유물이 아니라는 것을 이해하게 되었습니다. 아들은 자신을 사랑하고 잘되기를 바라는 사람들과 더불어 살아야 합니다. 그 아이를 사랑하는 사람들도 나와 마찬가지로, 아이에게 어떻게 행동해야 하는지 가르칠 권리가 있습니다. 소유욕을 버리고 우리 아이가 모든 사람의 사랑을 받으며 자랄 수 있게 해야 한다는 것을 알았습니다.

넘치도록 사랑하라

모든 종교가 유일하게 한 목소리로 강조하는 것이 자비심이다. 예수는 "내가 너희를 사랑하듯이 서로를 사랑하라."라고 했고, 코란에서는 "나 자신이 잘되기를 바라는 것처럼 형제가 잘되기를 바라지 않는다면 진정한 신자라고 할 수 없다."라고 말한다. 붓다 역시 "무한한 마음으로 살아있는 모든 존재를 사랑해야 한다."고 말한다. 불교에서 말하는 사랑이란, 다른 사람이 행복해지고 고통과 번뇌에서 해방되기를 진심으로 바라는 마음이라고 정의할 수 있다. 이것은 우리가 선의로 행동하기 위한 연료로 사용할 수 있는 에너지이기도 하다.

붓다는 자비심이 주는 열한 가지 혜택에 대해 이야기했다.

1. 단잠을 잔다.
2. 가뿐하게 잠에서 깬다.
3. 즐거운 꿈을 꾼다.
4. 사람의 사랑을 받는다.
5. 천상의 존재와 동물의 사랑을 받는다.
6. 천상의 존재에게 보호를 받는다.
7. 외부의 위험으로부터 피해를 받지 않는다.
8. 얼굴이 환하게 빛난다.
9. 마음이 평온하다.
10. 죽을 때 여한이 없다.
11. 극락정토에서 환생한다.

간단히 말해, 자비심을 가지면 잠이 잘 오고, 사람의 사랑과 보호를 받게 되고, 마음이 편안해진다. 사랑하는 마음으로 살면 우리 자신에게 더 많은 혜택이 돌아온다는 것을 생각하면, 자비심은 우리 자신을 위한 것이지 자기희생이 아니다. 자비심은 시간이 갈수록 큰 기쁨을 돌려준다. 가까운 사람에게 감사 인사를 받게 되고, 한때 사이가 벌어졌던 사람이 우리를 따뜻하게 반기기 시작한다. 사람이 믿고 따르면서 친구가 많아진다. 다른 사람이 겪는 고통에 측은심을 가지면 그들과 하나로 연결된 느낌을 갖게 된다. 그리고 누군가에게 좋은 일이 생기면 함께 기뻐하게 되고, 기쁨을 경험할 기회가 점점 더 많아진다.

자비심은 마음을 정화시키고, 인간관계에서 느끼는 죄책감, 분노, 스트레스를 줄여주므로 삶이 수월해진다. 자신의 문제가 덜 심각하게 느껴지고, 심리적으로 안정이 되며, 정신이 맑아지고, 집중력이 좋아진다. 또한 다른 사람이 잘되길 바라면서 관대해지고 덜 비판적이 된다. 궁극적으로 자긍심과 자신감이 향상되고, 용기와 융통성과 결단력이 생긴다. 한 엄마는 이렇게 이야기한다.

자비심과 측은심은 저절로 생기는 것이 아닌 것 같아요. 나는 다른 사람의 잘못을 들춰내는 버릇 때문에 힘이 듭니다. 가까운 사람과 대화를 나눌 때 자주 다른 사람을 비판하고 헐뜯게 돼요. 그럴 땐 사람을 부정적으로 생각하는 내 자신이 옹졸하고 비열하게 느껴지면서 부끄러운 마음이 듭니다.

명상하고 일상생활에서 자비심을 수행하면, 흠잡기 좋아하는 마음을 좀 더 여유롭고 관대하고 사랑하는 마음으로 바꾸는 데 도움이 됩니다. 긍정적으로 생각하면 나 자신을 좋아하게 되고 모든 일에서 자신감이 생기죠.

사랑하는 마음을 가지면 수행이 수월해지고 세상이 전혀 다르게 느껴진다. 불교에 의하면, 행복은 다른 사람을 사랑하는 마음에서 온다. 『내면의 혁명*Inner Revoluation*』의 저자이자 다섯 아이의 아버지이고 서양인 최초로 티베트에서 계를 받은 로버트 서먼은, "나 자신에게 무심해지면서 전보다 행복해졌다."고 말한다. 소중히 여기는 사람이 많아질수록 우리 자신도 더욱 행복해질 수 있다. 사랑으로 채워진 마음에는 공허감이나, 고독, 무의미함이 들어설 공간이 없기 때문이다.

네 가지 숭고한 경지(4무량심)

그러면 다른 사람을 향한 우리의 사랑이 집착이 아니라는 것을 어떻게 알 수 있을까? 순수한 사랑의 특징은 무엇인가? 붓다는 진정한 사랑을 자비심, 측은심, 수희심(함께 기뻐함), 평정심의 네 가지 감정으로 설명했다.

자비심

'자비'의 어원인 팔리어 '메타metta'는 '무한정 베풂음'이라고 번역된다. 즉, 우리 안에서 사랑을 무한히 키울 수 있는 에너지라고 할 수 있다. 불행에서 벗어나 지혜를 향해 가기 위해서는 '모든 존재가 행복하고 고통에서 해방되기를 바라는' 마음이 있어야 한다. 붓다는 가족과 친구뿐 아니라 우리가 모르는 사람과 미워하는 사람까지 행복해지기를 기원하라고 촉구했다.

다음은 자신의 아이뿐 아니라 모든 어린이들을 향해 자비를 실천하는 엄마의 이야기다.

내 아이를 챙기다 보면 다른 아이가 필요로 하는 것을 보지 못하는 함정에 빠지기 쉽습니다. 다른 아이에게 관심을 갖고 걱정하면 그 엄마가 정말 고마워하는 것을 알 수 있습니다. 아이와 대화를 나누고, 나를 편안하게 여기도록 하는 것이 나의 자비 수행법입니다. 나는 아이가 친절한 어른의 도움을 받으며 성장할 수 있기를 바랍니다. 내 아이를 비롯한 모든 아이에게 관심을 보이고 칭찬해주는 것은 크게 어려운 일이 아닙니다.

나는 어린 시절 아무 관련 없는 어른이 보여준 관심과 사랑에 대해 감사하게 생각한다. 그들의 친절은 내가 자신감을 가질 수 있도록 해주었다.

무엇보다 자비를 행할 때는 아무런 보상을 바라지 않고 베풀 수 있게 된다. 사람들의 반응에 상관없이 도움을 줄 수 있다는 것 자체로 기쁨을 느끼는 것이다. 한편 우리 자신이 어려움을 겪을 때는 누구의 도움도 바라지 않고 스스로 용기를 내서 헤쳐나가야 한다. 애덤 린지 고든의 시는 우리에게 용기를 내라고 말한다.

삶은 대개 거품이고 환상이다.

그래도 두 가지는 확실하다.

힘들어하는 사람에게 자비를 베풀어야 한다는 것,

그리고 우리 자신이 힘들 때 용기를 내야 한다는 것이다.

간단히 말해, 자비야말로 용기와 더불어 가장 중요한 덕목이다.
한 엄마는 자비의 역할을 이렇게 설명한다.

나는 적극적이고 사람을 좋아하는 성격이라 사회활동을 많이 하는 편입니다. 다른 엄마들과 함께 시간을 보내면, 자비를 실천할 기회가 많고 여러 가지 도움을 줄 수 있습니다. 여기에서는 아이를 돌보고, 저기에서는 음식을 만들죠. 지역의 보육원과 유치원에서 봉사를 하기도 합니다. 그리고 공원과 카페에서 만나는 모임을 주선해, 엄마들이 공동체의 도움을 받을 수 있도록 하고 있습니다.

이 모든 활동을 하며 알게 된 사실이 매우 흥미롭습니다. 아무런 대가를 생각하지 않고 자비 정신으로 남을 도울 때 좀 더 기분이 좋다는 것입니다. 내가 어떤 아이를 봐준다고 해서 언젠가 그 엄마도 나를 도와줄 것이라는 기대는 하지 말아야 합니다. 부끄러운 고백이지만 전에는 '내가 어떤 사람을 도와주면 그가 나를 좋게 생각할 것이다.'라는 생각으로 사람을 도와주었던 것 같습니다. 아니면 내가 '좋은' 사람이라는 것을 스스로 확인하고 싶었을 수도 있습니다. 하지만 지금은 자비에 초점을 맞추면서 나 자신보다 상대방을 먼저 생각하게 되었고, 이상하게도 더욱 기쁨을 느끼게 되었습니다. 더불어 다른 사람을 도와주면서 나 자신을 위해 좋은 업을 쌓고 있다는 생각을 합니다.

앞에서 말했듯이, 자비는 사랑하는 마음으로 친절을 베푸는 것이다. 우리는 따뜻한 미소, 손길, 격려가 주는 힘을 알고 있다. 문제는, 친절을 베풀고 매 순간 친절할 수 있는 가능성에 마음을 여는 것이다. 수시로 자신에게 질문해보자. '이 사람을 좀 더 행복하게 해줄 수 있는 일이 있을까? 이 사람의 고통을 다소나마 덜어줄 수 있는 방법이 있을까?'

인간관계에서 자비심이 어떤 역할을 하는지 생각해보면 귀 기울이기의 중요성은 더욱 분명해진다. 사람들을 도우려면 우선 그들의 삶을 깊숙이 들여다볼 수 있어야 한다. 깊은 관심을 갖고 사람들이 생각하고 느끼는 것을 이해해야 한다. 자칫 잘못하면 도움을 주려다가 오히려 상처를 주거나 주제넘게 참견하는 격이 될 수 있다.

나도 사람들을 도와주겠다고 나섰다가 몇 번 거절당한 적이 있다. 한 번은 아이에게 친구들도 만나게 해주고 엄마들도 쉬게 해줄 겸 우리 집에서 아이들을 돌봐주겠다고 제안한 적이 있었다. 하지만 내 생각이 모자랐다. 엄마들과는 몇 번 안 만난 사이였고 남편들과는 아예 안면이 없었기 때문에, 아마 내 제안이 어색하고 불편하게 느껴졌을 것이다. 무엇보다 아이들이 나를 어려워했다. 낯선 사람의 집에 남겨진 아이들의 마음이 어땠겠는가? 도움을 줄 때는 요령껏 조심스럽게 행동해야 한다.

때때로 우리가 세상에 얼마나 많은 사랑을 베풀고 있는지 생각해보자. 우리는 자기 생각에 골몰해서 언제든 친절을 베풀 기회가 있다는 것을 잊고 있다. 주변 사람을 배려하고 그들과 이어질 수 있는 작은 방법들을 소홀히 한다. 누구에게나 다른 사람들에게 용기와 존중을 줄 수 있는 능력이 있다. 테레사 수녀의 말을 인용하면, "위대한 행동이란 없으며, 단지 위대한 사랑을 표현하는 작은 행동이 있을 뿐이다."

측은심

측은심은 다른 사람의 고통을 덜어주고자 하는 충동으로, 사람들에게 측은심이 생기는 것은 모든 존재가 고통과 불행을 겪는다는 첫 번째 진리를 이해하는 것이다. 한 엄마는 이렇게 표현한다.

측은심의 중요성을 알면 인간관계가 달라질 수 있습니다. 사이가 좋지 않은 관계라도, 상대방의 고통을 기억하고 잠시 그가 겪는 고통이 어떠할지를 진지하게 생각해본다면, 측은심이 생길 수밖에 없죠.

측은심은 누군가를 '동정'하는 것이라기보다는, 우리 모두가 같은 처지에 있으며 함께 행복과 고통으로부터 자유로워지기를 원하고 있다는 사실을 이해하는 것이다.

붓다는 개별적인 자아가 있다는 생각은 환상에 불과하며, 우리 모두가 각자 독립적인 신체를 갖고 있지만 사실상 하나라는 사실을 이해하면, 다른 사람들 고통을 극복할 수 있도록 도와주는 것은 당연한 일이 된다고 가르쳤다. 엄마들은 아이와 이러한 합일을 경험한다. 아이가 힘들어하면 함께 고통을 느끼는 것이다. 이것은 자연스러운 감정이며, 이러한 측은심은 다른 사람과의 관계에서도 지향해야 하는 감정이다.

고통을 겪어보면 다른 사람의 고통에 좀 더 민감하게 반응하게 된다. 만일 자신의 고통을 회피하고 주의를 기울이지 않는다면, 다른 사람의 고통에도 같은 식으로 반응하기 쉽다. 타인의 감정을 인정하지 않고, 무작정 '기운을 내라'고 격려하게 되기 쉽다. 나는 엄마가 되고 나서 학창 시절에 겪었던 힘든 경험을 감사한 마음으로 생각하게 되었다. 따돌림이나 집단 이기주의, 또는 언어폭력을 경험한 엄마는 아이가 그런 상황에서 어떤 감정을 느끼는지 좀 더 잘 이해할 수 있다.

측은심을 갖기 위해서는 다른 사람의 삶에 관심을 갖고 그 삶을 이해해야 한다. 만일 다른 사람의 고통이 과장되었다고 생각하면 측은심을 느끼지 못하고, '쓸데없는 걱정은 하지 마라.', '기운 내라.'는 한마디로 일축해버리기 쉽다. 하지만 그런 말은 실제로 고통을 겪는 사람에게 아무런 도움이 되지 않는다. 그들은 누군가 자신의 이야기를 들어주고, 이해해주기를 바라기 때문이다.

한 엄마는 이렇게 말했다.

나는 항상 아무 이유 없이 운다고 아이를 나무랐습니다. 아이가 느끼는 고통을 부정하면서 "바보같이 그러지 마라." 또는 "뭘 그까짓 것 가지고 그러니." 하고 야단을 쳤죠. 아마 아이가 고통 받고 있다는 사실을 인정하고 싶지 않았던 것 같습니다. 지금은 아이의 고통을 더욱 깊이 들여다보고 자상하게 보살피려고 노력합니다.

엄마들은 떼쓰는 아이를 달랠 때 측은심이 있어야 한다고 스스로 환기시킬 필요가 있다. 젖먹이가 떼를 쓰는 이유는 자신을 충분히 표현하지 못하기 때문이다. 말로 표현할 수 없으니까 울고불고 소리를 지르는 것이다. 아이는 불쾌한 감정을 다스릴 힘이 없다. 지쳤을 때 어떻게 해야 하는지 모른다. 뭔가가 자기 생각대로 되지 않는 이유를 이해하지 못한다. 단지 기분이 나쁘고, 참기 어려울 뿐이다.

아이가 떼를 쓰면, 엄마는 화가 나고 좌절하고 우울해진다. 게다가 공개적인 장소에서는 당황스럽고 창피하다. 하지만 측은심이 있으면 차분하게 반응할 수 있다. 아이는 모든 성장 단계마다 우리의 측은심을 필요로 한다. 나는 밀라 카밧진이 『매일의 축복, 마음챙김 육아의 내면 효과』에서 한 말을 좋아한다.

아이는 나이와 상관없이 부모가 자기의 원만하고 사랑스럽고 매력적인 면뿐만 아니라 까다롭고 심술궂고 밉살스러운 면까지 받아들이고 사랑한다고 느낄 때, 훨씬 안정적이고 전인적인 사람이 된다.

어느 날 아침 큰아들 자크가 몇 시간째 '까다롭고 심술궂고 밉살스러운 짓'을 하면서 유치원에 가지 않겠다고 떼를 썼다. 그날 유치원에서 전화가 왔을 때야 비로소 나는 이유를 알 수 있었다. 자크가 수두에 걸렸던 것이다. 나는 아이에게 좀 더 참을성을 보여주었어야 했다고 후회했다. 아이 눈높이에서 세상을 바라보면 아이가 하는 행동에는 충분한 근거가 있다는 것을 알게 된다. 일상의 변화, 관심 부족, 또는 자신의 한계에 대한 혼란 때문에 힘들어하는 중일지도 모른다. 아니면 단지 피곤하고, 기운이 없는 것일 수도 있다. 밀라 카밧진의 말은 아이들의 응석을 받아주라는 뜻이 아니다. 다만 아무 생각 없이 자동적으로 반응하지 말고, 아이의 눈높이에서 바라보라는 것이다.

아이는 물론이고 가족과 친구, 우리 자신에게 측은심을 가져야 다른 사람에게도 측은심을 가질 수 있다. 피곤하고 쇠약해지면 다른 사람을 배려할 여유가 없으므로, 편안하고 조용하게 쉬면서 자신을 돌보는 시간도 필요하다. 측은심을 수행할 때는 자신에게 친절하게 말을 걸어 내면의 목소리가 용기와 위안을 주는지, 아니면 비판적이고 지나친 요구를 하는지 알아보자. 육아는 끊임없이 새로운 요구를 하므로 영원히 아마추어가 될 수밖에 없다. 따라서 죄책감보다는, 인내심과 자각이 요구된다.

수희심

만일 세상 사람들이 경험하는 기쁨을 함께 나눌 수 있다면 얼마나 행복할지 상상해보자. 달라이 라마가 말했듯 기쁨의 가능성은 "60억 배로 증가할 것이다." 엄마는 진정으로 아이의 기쁨을 함께 나눈다. 엄마에게 아이의 성공과 행복보다 더 달콤한 과일은 없다. 아이가 걷고 말하고 성장하는 단계에서 느꼈던 모든 기쁨을 돌아보자. 아이가 수영장과 생일 파티에서 뛰어놀며 즐거워하는 모습을 지켜보고 얼마나 흐뭇했는지 생각해보자. 아이들의 기쁨은 우리에게 축복이다.

다시 말하지만, 아이에 대한 사랑에서 다른 사람을 사랑하는 법을 배울 수 있다. 엄마들은 자신보다도 자녀가 행복하기를 더 바란다. 그렇다면 우리는 얼마나 자주 다른 사람이 행복하기를 바라는가? 누군가에게 좋은 소식을 들었을 때는 어떤가? 함께 기뻐하는가? 아니면 질투가 나서 배가 아픈가? 진심으로 그 사람이 평안하고 즐겁고 행복하기를 바라는가?

어떤 친구가 진심으로 내 행운을 축하해준다고 생각하면 친구에 대한 우정이 더 깊어지고 중요한 신뢰감이 형성된다. 다른 사람의 좋은 소식에 기뻐할 때, 우리는 그와 연결됨을 느낀다. 그리고 사람과 감정적으로 연결되면 고립감에서 벗어날 수 있다.

만일 친구가 나의 좋은 소식에 함께 기뻐하지 않는다면 스스로에게 물어보자. '친구가 내가 잘되기를 바라지 않고 내가 중요하게 생각하는 것을 이해하지 못한다면, 진정한 우정이라고 할 수 있는가?' 만일 어떤 친구의 좋은 소식에 진심으로 기뻐하는 마음이 들지 않는다면, 이 친구가 겪을 수 있는 삶의 고통을 좀 더 깊이 들여다보고 이해할 필요가 있다. 바로 그런 교훈을 배운 엄마가 있다.

나는 한 친구와 심각한 갈등을 겪고 있습니다. 그 친구에게도 내 딸과 같은 또래의 딸이 하나 있죠. 우리는 아주 가까운 사이였는데, 둘 다 딸을 낳은 후에 경쟁적이 되면서 사이가 나빠졌어요. 그녀는 끊임없이 서로의 딸을 비교하는데, 친구의 딸이 내 딸보다 더 잘하고 있는 것 같습니다. 그녀의 딸은 내 딸보다 더 일찍 걸었고, 말도 더 일찍 시작했고, 학교에 들어가서도 일등을 합니다. 끊임없이 딸 자랑을 하는 친구가 내 눈에는 몰지각하게 보입니다. 특히 내가 딸애 때문에 걱정이 있을 때는 더욱 섭섭한 감정이 들지요. 친구가 너무 눈치 없는 게 화가 나고, 심지어는 친구의 딸이 미워서 잘못되기를 바라는 마음이 들기도 합니다.

4무량심에 대해 숙고하면서 나는 수희심이 부족하다는 것을 알았습니다. 똑똑한 딸을 가진 친구를 축하해주지는 못할지언정 질투하고 화를 냈던 것입니다. 이제는 친구에게 느꼈던 죄책감과 열등감을 측은심으로 극복해보려고 합니다. 사실 친구는 딸을 낳고 나서 좋은 직장을 포기했고, 다시 직장으로 돌아갈 수 있을지 걱정하고 있습니다. 딸을 위해 그런 희생을 하는 것이 쉽지는 않았을 테고, 그러니 친구가 딸을 잘 키워서 잃어버린 자기 삶을 보상받고 싶어 하는 마음을 탓할 수는 없죠. 드러내고 딸 자랑을 하는 것이 아직은 못마땅하지만, 같은 엄마의 입장에서 측은심이 느껴집니다. 이제 친구의 딸이 잘 자라는 것을 함께 기뻐할 수 있을 것 같아요.

4무량심은 서로 연관되어있으므로 순수한 사랑을 위해서는 한 가지라도 빠지면 안 된다. 마음에서 우러난 수희심을 느끼기 위해서는 측은심이 필요하며, 친구의 기쁨을 함께 나누기 위해서는 고통도 함께 나눌 수 있어야 한다. 그렇지 않으면 좋은 때만 친구가 된다.

누군가와 기쁨을 함께 나누기 위해서는 그에게 귀를 기울이고 진정한 관심을 가져야 한다. 그래야 무엇이 그를 기쁘게 하는지 알 수 있다. 따라서 우리는 다른 사람을 좀 더 알고, 가끔 그가 어떻게 살고 있는지 곰곰 생각해볼 필요가 있다. 그래야만 함께 기쁨을 나누면서 인생의 모든 달콤한 맛을 음미할 준비가 되었다고 할 수 있다. 이것이 진정한 우정이다.

평정심

3장에서 평정심에 대해 약간 상세히 이야기했다. 수용과 인내로 삶의 모든 측면을 인식하고, 침착할 수 있는 평정심을 유지하면 과격한 반응을 자제할 수 있다. 쉽사리 흥분하지 않고, 유쾌할 때나 불쾌할 때나 차분하게 반응할 수 있다.

다시 말하지만, 4무량심은 서로 연관되어 있으므로 이 네 번째 감정을 수행해야만 우리의 사랑은 완전할 수 있다. 평정심이 없다면 칭찬과 보상을 받을 수 있어야만 자비로운 행동을 할 것이고, 다른 사람의 고통과 거리를 둘 수 있을 때만 측은심을 가질 수 있을 것이다. 또 평정심이 없으면, 함께 기뻐하기보다 질투하고 경쟁하게 된다.

평정심에는, 살아있는 모든 존재를 다 같이 귀중하게 여긴다는 사상이 포함돼있다. 그런데 사실 우리는 배우자보다 아이에게 자비심과 측은심, 기쁨을 보여주는 것이 더 쉽다. 어느 날 아침 식탁에서 남편은 농반진반으로, 내가 아이들은 마치 강아지가 꼬리를 흔들며 뛰어오르는 것처럼 반겼지만, 자신은 거들떠보지도 않더라고 말했다. 실제로 부부가 아이를 함께 키우는 일 말고는 상대방에게 존중 받지 않는 것처럼 느낄 때 이혼하는 경우가 많다.

우리는 하나다

만일 우리가 서로 연결되어 있으며 살아있는 모든 존재와 하나라는 것을 이해한다면, 자연스럽게 자비심, 측은심, 수희심, 평정심이 생기게 될 것이다. 또 다른 사람을 우리 자신의 일부로 느낀다면 관대함, 배려, 봉사정신이 저절로 생겨날 것이다. 실제로 엄마는 아이가 마치 자신의 일부인 것처럼 애지중지한다. 아이가 편안하면 엄마도 편안하다. 문제는 이러한 자비와 연민을 모든 사람과의 관계로 이어가는 것이다. 틱낫한 스님은 말한다.

당신과 당신이 사랑하는 대상은 둘이 될 수 없습니다. 지구상에서 가장 잔인한 사람, 굶어죽는 아이…… 슈퍼마켓, 거리의 모퉁이, 강제수용소에서 만나는 모든 사람에게서 당신의 모습이 보일 때까지 명상을 계속하십시오.

이러한 합일을 이해하면, 다른 사람의 행복을 기뻐하고 고통을 나누면서 우리가 하나로 연결되어있음을 느끼게 된다. 독립된 자아라는 개념은 망상일 뿐이다. 우리 존재의 본성을 이해할 수 있을 때, 비로소 고독하고 격리된 느낌에서 벗어날 수 있다.

흥미롭게도 과학, 특히 물리학에서는 붓다가 2,500년 전에 도달한 것과 같은 결론을 내린다. 알베르트 아인슈타인은 자아의 망상과 합일의 진리에 대해 다음과 같이 설명했다.

인간은 소위 '우주'라고 부르는 전체의 일부이며, 제한된 시공간 안에서 살고 있다. 인간은 자신의 생각과 감정을 다른 사람과 따로 분리된 것으로 경험하는데, 이것은 '의식의 시각적 환상'이다. 이 환상은 감옥과 같아서 우리의 욕망과 애정을 가까운 몇 사람으로 제한하게 만든다. 우리는 이해와 연민의 반경을 넓힘으로써 이 감옥에서 나와, 살아있는 모든 창조물 및 아름다운 자연과 하나가 되어야 한다.

수잔 머피는 우리가 늘 이러한 단절감에 빠져있는 것은 아니며, 아기 때에는 지금보다 더 많이 알고 있었다고 주장한다.

아기는 모든 창조물이 하나라는 인식을 갖고 태어난다. 아기의 눈에는 별들과 광활한 우주가 천천히 돌아가고 있는 것이 보인다. 자신의 본성을 들여다보면(어떤 식으로든 우리는 그 본성에 저항할 수 없다.) 그 안에 순수한 인식이 있다!

아기는 성장하면서 세상을 여러 부분으로 나누고, 전체보다 부분을 보는 눈이 발달한다. 우리가 사물의 개념과 언어를 배우고 다른 존재와 소통하기 위해서는, 세상의 다양한 부분을 보는 것이 필요하다. 하지만 그다음에는 다시 세상으로 눈을 돌려서 하나로 연결되어 있는 세상을 볼 수 있어야 한다.

숙련된 명상 수행자는 고도의 정신집중 상태에서 살아있는 모든 존재뿐 아니라, 모든 현상과의 합일까지 일견할 수 있다고 말한다. 로버트 서먼은 명상 중에 이러한 합일을 일견했던 경험을 이야기했다.

명상을 하면, 모든 경계심과 긴장감이 사라지고 우리가 다른 모든 존재와 사물에 연결되어 있는 듯한 경험을 한다. 모든 것을 아우르고, 모든 욕망을 충족시켜주며, 자신을 소홀히 하지 않으면서 다른 사람을 포용하고, 평화와 행복이 끝없이 솟아오르는 샘물과 같은 것이 우리의 본성이다. 이것이 붓다가 명상을 하면서 도달한 깨달음의 핵심이다.

아이를 키우면서 '합일'을 좀 더 분명히 이해하게 되었다고 말하는 엄마도 있다.

아기의 얼굴을 들여다보고 있으면 어렴풋이 내 엄마와 고모와 다른 친척의 모습까지 줄줄이 보이면서, 우리 모두가 세대를 초월해 서로 연결되어 있는 것 같은 느낌이 듭니다. 그리고 나는 아기를 통해 남편과 그의 조상까지 더 가깝게 연결되는 것을 느낍니다. 마치 우리 아기가 튼튼한 끈으로 남편과 나를 함께 묶어서 하나의 존재로 만들어준 것 같습니다.

이러한 합일을 이해하는 과정에서 우리는 적어도 살아있는 모든 존재가 고통에서 벗어나 행복해지기를 원하고 있다는 것을 알 수 있다. 불교의 가르침은 이 점을 끊임없이 강조한다. 우리 모두 같은 배에 타고 있다는 본질적인 동지애는 수행을 통해 더욱 깊은 깨달음에 도달하기 전에, 적어도 지적 수준에서 합일을 이해하는 데 도움이 된다.

사랑으로 행동한다

집착이 어떻게 우리를 타인에게 기대하고 요구하고 의지하게 하는지 이해하면, 인간관계에 얼마나 큰 피해를 주는지도 알게 된다. 집착을 좀 더 순수한 형태의 사랑으로 대체하기 위해서는 먼저 우리가 어떤 의도, 생각, 욕망으로 사람을 대하는지 알고 솔직해져야 한다. 우선 '내가 이렇게 생각하고 말하고 행동하는 것은 사랑에서 나온 것인가, 아니면 나 자신을 위한 것인가? 라는 질문을 해볼 수 있다.

만일 지금 당장 누군가에 대한 생각과 감정이 사랑이 아니라고 해도 자비로운 행동부터 시작해볼 수 있다. 자비로운 행동을 하면 우리 스스로 기분이 좋아진다는 것을 알고 좀 더 자비로운 방식으로 생각하고 느끼게 된다. 또한 사람들의 반응을 보면서 점차 가슴에서 우러난 행동을 하게 된다. 자비로운 행동을 하면 여러 면에서(실용적, 감정적, 정신적, 신체적으로) 혜택을 보게 되고, 오래지 않아 다른 방식으로 행동하는 것을 비합리적인 것으로 느낀다.

자비로운 행동을 하면 자비심이 생기면서 마침내 자비로운 의도와 생각이 생기게 된다. 또한 자비명상을 하면 우리 마음의 본성이 변화된다. 자비심으로 행동하면, 훨씬 더 많은 일을 할 수 있고 세상을 보는 눈이 완전히 달라진다. 우리는 엄마로서 이미 아이에 대한 사랑을 통해 마음의 혁명을 경험했기 때문에 알게 모르게 사랑의 힘을 알고 있다.

관심을 갖고 사랑을 베풀어라!

- 주변의 모든 사람, 특히 아이는 우리의 영적 스승이다.
- 자신의 생각을 너무 고집하지 않으면 고통이 줄어든다.
- 만일 누군가를 비판하거나 미워하게 된다면, 그 감정을 관찰해 본다. 종종 불편한 관계에서 많은 것을 배울 수 있다.
- 모든 관계에서 집착의 증거를 찾아본다. 타인이 자신의 요구를 충족시켜주거나 자신의 생각에 동의하기를 기대하는가?
- 우리 자신의 욕구와 불안감을 투사하지 않고, 아이를 있는 그대로 인정한다. 우리는 아이를 소유하는 것이 아니라 보호할 뿐이다.
- 다른 사람을 사랑한다는 것이 얼마나 중요한지 깨닫고, 이것이 우리를 더욱 행복하고 밝게 만든다는 것을 기억하자.
- 사랑에는 자비심, 측은심, 수희심, 평정심, 이 네 가지 감정이 모두 필요하다.
- 우리 모두가 하나라는 것을 상기하자.
- 자비로운 행동을 시작하면 저절로 올바른 의도가 생기게 된다.

07

배우자와의
관계

부부는 아이가 생기면서 불어난 집안일의 배분을 놓고 갈등한다. 육아 방식 때문에 격렬한 말다툼을 벌이기도 한다. 최악의 경우 얼굴만 마주치면 서로 비난하고, 다투고, 원망하는 것이 버릇처럼 돼버리기도 한다. '멈추어서 자각하라.' 는 말은 부부 관계의 문제 해결에 특히 도움이 된다. 부부 관계는 수행을 위한 훌륭한 훈련장이다.

과학자들은, 우리가 사랑에 빠졌을 때 일어나는 강력한 화학작용은 18개월에서 30개월 사이면 소멸한다고 말한다. 처음 연애 감정에 빠져 있을 때는 상대방의 결점이 거의 보이지 않고, 관계도 원만하다. 하지만 몇 년 아이를 낳고 살다보면 대부분의 관계는 삐거덕거리기 시작한다. 어떤 부부는 어려움을 겪으면서 더 가까워지고, 어떤 부부는 그럭저럭 견디면서 살고, 또 어떤 부부는 갈라서기도 한다.

　삶의 무상함, 또는 불가피한 변화는 피할 수 없다. 천생연분처럼 보이는 부부도 배우자에게 불만을 느낄 때가 있으며, 헤어질 수도 있다는 걸 인정한다. 모든 관계는 우여곡절을 거친다. 하지만 부부가 서로 대립하거나 어느 한쪽이 일방적으로 당하고 있는 상황에서는 두 사람이 함께해온 세월을 완전히 부정하는 경향이 있다. 그래서 '나는 그 사람과 행복한 적이 없었어.', '그는 항상 기분이 엉망이야.', '우리는 이제 같이 있어도 즐겁지 않아.'라고 일반화를 하곤 한다.

하지만 변화하는 것은 두 사람의 관계만이 아니다. 자신이 그렇듯 배우자도 계속 변화하고 있으므로, 배우자를 고정관념으로 보는 것은 부당하다. 사람은 늘 한결같이 행동하는 것이 아니다. 배우자가 변할 수 있다는 가능성을 인정해야 그에게 귀를 기울이게 되고, 두 사람 모두를 위해 도움이 되는 길을 찾을 수 있다.

배우자에 대한 사랑이 진실한지 아닌지를 알아보기 위해서는 집착의 증거를 찾아보고, 4무량심을 적용해 점검해보는 것이 좋다. 각자 스스로 책임을 지려는 자세는 원만한 관계를 위해 필수적이다. 두 사람 다 자신의 행동이 상대방에게 어떤 영향을 주는지, 어떤 의도로 행동하고 있는지를 알고 있나 점검해보자.

부부가 화목하면 가족 모두가 행복할 수 있다. 아이는 부모의 관계, 갈등에 대처하는 방법, 대화하고 화해하는 방식을 보면서 배운다. 따라서 부부는, 가족 전체를 위해 무심코 반응하기보다 배우자와 어떻게 소통하고 있는지 알고 조심해야 한다.

부부 사이를 방해하는 문제들

자녀는 부부에게 긍정적인 측면에서 공동의 관심사를 제공한다. 아이는 부부가 평생을 함께한다는 약속의 상징이다. 부부는 아이가 커가는 모습을 지켜보면서 함께 뿌듯하고, 아이의 우스꽝스러운 말과 행동에 함께 즐거워한다. 오랜 기다림 끝에 태어난 아기의 얼굴을 들여다보고, 아이와 뒹굴면서 놀고, 작은 일에도 즐거워하는 아이를 보며 감사하는 법을 배운다. 이런 과정을 거치면서 부부는 더욱 가까워지고 가정은 화목해진다.

하지만 아이가 생기면서 일어나는 변화는 부부가 서로를 원망하고 등을 돌리게 만드는 원인이 될 수도 있다. 아이가 부부 관계에 주는 압력은 엄청나다. 아이가 부모의 수면 시간과 에너지를 앗아가고, 끊임없는 관심과 도움을 요구하며, 부부 간의 대화를 방해한다. 따라서 많은 부부가 만족스러운 대화, 공동의 관심사, 외출, 로맨스와 섹스 등 자신의 삶에 문제가 생긴 것을 느낀다.

아이가 자라면서 부부는 계속 새로운 문제에 부딪친다. 여권운동가이자 변호사로 활동했던 친구 조앤은 아이가 생긴 후 부부 관계가 어떻게 달라졌는지 이야기한다.

남편과 육아에 공동 책임을 지기로 합의했지만 예상치 못한 암초를 만났어. 아기가 울면서 원하는 것은 기꺼이 육아를 돕겠다는 아빠가 아니라, 엄마의 모유였거든. 내가 힘들게 확립한 평등한 관계는 물거품이 되고 말았지. 남편과 나는 어느새 아무 거리낌 없이 각자 주어진 성 역할에 충실하게 되었던 거야. '엄마'라는 위치는 내 안의 페미니스트를 조롱했고, 내 안의 페미니스트는 난생처음으로 할 말을 잃어버리고 말았어.

부부는 아이가 생기면서 불어난 집안일의 배분을 놓고 갈등한다. 아니면 육아 방식 때문에 싸우는데, 특히 아주 다른 가정환경에서 자란 경우, 격렬한 말다툼을 벌일지도 모른다. 가계 지출이 늘어날 뿐 아니라 종종 한 사람이 일을 그만두게 되면서 수입이 줄어드는 것도 문제다. 또한 회사는 야근이니 회식이니 하면서 직원의 가정생활을 배려하지 않는다.

집에서 아이를 돌보는 쪽과 밖에서 일하는 쪽은 각자 생활하는 세계가 너무 달라서 공통의 관심사가 적을 뿐 아니라, 서로 자기가 더 힘들다고 주장한다.

"당신이 힘들다고요? 나는 하루를 어떻게 보내는 줄이나 알아요?"

최악의 경우 얼굴만 마주치면 서로 비난하고, 다투고, 원망하는 것이 버릇처럼 돼버리기도 한다.

'멈추어서 자각하라.'는 말은 부부 관계의 문제 해결에 특히 도움이 된다. 부부에겐, 서로를 어떻게 대하고 있는지 멈추어서 생각해보고 건전한 대안을 찾는 시간이 필요하다. 부부 관계는 수행을 위한 훌륭한 훈련장이다. 우리는 해로운 방식을 거부하고, 유익한 방식을 선택할 수 있다. 육아와 마찬가지로, 부부 관계를 수행의 또 다른 형태라고 생각하면 더욱 적극적으로 노력하게 될 것이다.

만일 부부가 아이를 키우면서 모든 역경을 극복할 수 있다면 가장 큰 시험을 견디고 승리한 것이다. 그러면 이러한 기적을 달성하는 데 불교가 어떤 도움을 줄 수 있을까?

배우자 사랑하기

불교의 가르침을 따르자면, 우리는 살아있는 모든 존재에 자비심을 지녀야 하며, 거기에는 배우자도 포함된다. 배우자를 순수하게 사랑하기 위해서는 우리가 느끼는 단절감과 집착은 물론이고, 자비심, 측은심, 수희심, 평정심의 4무량심이 존재하는지도 점검해볼 필요가 있다. 깨우치지 못한 중생인 우리는 여러 가지 면에서 부족할 수 있지만 이 부분을 보완하면 부부 관계도 개선될 것이다.

집착하고 있지는 않은가

집착 관계에서는 상대방이 우리의 욕구와 기대를 충족시켜주기만을 바라고, 상대방의 처지를 배려하지 않는다. 상대방이 우리 마음을 읽고, 우리가 원하는 것을 알아서 행복하게 해주기를 기대한다. 누구나 '나를 사랑한다면 이러저러하게 해줄 것이다.'라고 생각한 적이 있을 것이다.

하지만 행복은 우리의 내면에서 오는 것이므로 배우자에게 의지하는 것은 어리석은 일이다. 부부싸움을 하는 이유 중 하나는 우리 자신의 내면을 소홀히 하기 때문인데, 이는 집안일이 바쁘다 보면 흔히 빠지기 쉬운 함정이다.

스스로에게 이런 질문을 해보자.

● 상대방에게 지나친 요구를 하거나, 매달리거나, 감정적으로 의지하고 있지는 않은가?
● 상대방에 대한 사랑이 기대와 욕구로 가득한가? 그러한 기대와 욕구를 채워주는 조건으로 상대방을 사랑하고 있지는 않은가?
● 상대방이 개인적으로 발전하고, 변화하고, 성장할 수 있는 여유를 충분히 주고 있는가?

부부는 일심동체이다

지난 장에서 언급했듯이, 우리는 '타인'과 분리되어 서로 이해가 충돌하는 '자아'를 갖고 있다고 생각한다. 그래서 우리 모두가 하나로 연결되어있다는 것을 느끼지 못한다. 하지만 우리가 살아있는 모든 존재와 하나라는 진리를 이해할 수 없다고 해도, 적어도 모든 사람이 행복과 고통에서 해방되길 바란다는 사실은 인정할 수 있을 것이다. 서로 다른 개인이지만 이 점에서는 중요한 공통점이 있는 셈이다.

배우자와 일심동체라고 느끼고 있는지 알아보려면 이렇게 자문해볼 수 있다.

- 부부 관계가 '나'와 '너'라는 괴리감과 단절감에 시달리고 있는가?
- 배우자를 돌보는 것이 곧 나 자신을 돌보는 것이라고 생각하는가?

사랑을 위해서는 4무량심이 존재해야 한다. 우리가 배우자에 대해 이 네 가지 감정을 모두 갖고 있는지 하나씩 점검해보자.

자비심

- 배우자가 고통이나 불편에서 해방되고, 행복하기를 진심으로 바라는가?
- 배우자에게 친절을 베풀고, 상대방을 행복하게 해주기 위한 방법에 대해 적극적으로 생각하는가?
- 서로 고맙다는 표현을 자주하는가? 칭찬과 비판 중 어느 쪽을 더 많이 하는가?

● 배우자에게 귀를 기울이고 상대방의 세계와 욕구를 이해하려고
노력하는가?

측은심

● 배우자가 어려움을 겪고 있는 것은 아닌지 자주 생각하는가?

● 배우자를 힘들게 하는 것이 무엇인지 알고 있는가?

● 서로의 고민에 귀를 기울이고, 고통을 덜어주기를 원하는가?

● 수시로 배우자에게 관심을 표현하거나 무슨 고민이 있는지 질문
하는가?

● 배우자의 실수를 용서할 수 있는가?

수희심

● 배우자가 기뻐할 때 행복한가? 함께 기뻐하는가?

● 배우자에게 질투심이나 경쟁심을 느끼는가?

● 배우자를 기쁘게 하는 것이 무엇인지 알고 있는가?

평정심

● 내가 원하는 모든 것을 배우자가 충족시켜주기를 기대하는가? 대
인관계에서 필요로 하는 모든 욕구를 배우자에게 기대하고 있지 않
은가?

● 좋을 때도 있고 힘들 때도 있다는 관계의 우여곡절을 받아들일 수
있는가?

책임을 인정한다

마음챙김으로 하루 동안 우리가 어떤 마음으로 생활하는지 관찰해보면, 즐거운 것은 추구하고 그렇지 못한 것은 피하는 경향이 있음을 알게 된다. 특히 배우자에게 한 부당한 요구와 행동에 대해서는 더 그렇다. 과잉반응이나 잘못된 행동을 하고 나서 이를 인정하는 것은 거북한 일이다. 나만 해도 종종 이기적인 행동을 하지만 남편에게 미안하다고 말하는 경우는 아주 드물다.

우리는 책임을 회피하는 습성이 있다. 갈등이 생기면 자기가 뭘 잘못했는지는 생각하지 않으려고 한다. 그래서 서둘러 다음 할 일을 찾거나 아이스크림 통을 부여잡고 TV 시트콤을 보는 것으로 불편한 죄책감에서 벗어나려고 한다. 자신의 잘못을 인정하기보다는 배우자 탓으로 돌리는 것이 더 쉽다. 그러다가 결국 반성은 고사하고 배우자를 원망하는 습관에 빠져서 모든 것을 부정적으로 생각하게 된다.

책임을 지기 위해서는 '멈추어서 자각하는' 것이 중요하다. 우리의 행동이 올바른지 반성해볼 필요가 있다. 올바른 행동은 사랑을 강화하고, 잘못된 행동은 괴리감을 강화한다. 우리 모두 어떤 행동이 올바른지 알고 있다. 상대방에게 관심을 갖고, 시간을 주고, 배려하고, 칭찬하는 것이다. 올바른 행동은 배우는 것이라기보다는 끊임없이 그 필요성을 깨달아야 하는 것이다.

메레디스라는 한 엄마는 남편이 우울해 보일 때 자신이 먼저 싸움을 건다는 것을 알았다. 메레디스는 부부싸움에서 자신의 책임을 인정하는 법을 배우고 있다.

남편은 직장에서 스트레스를 심하게 받은 날이면 어두운 표정으로 돌아와 우울해합니다. 나는 남편이 이런 식으로 집안 분위기를 어둡게 하는 것 같으면 반사적으로 화가 납니다. 그래서 남편을 비난하고 약 올리며 화풀이를 하지요. 하지만 내가 남편의 우울한 기분을 인정하지 않는 것 역시 집안 분위기를 망친다는 사실도 직시해야 합니다. 무엇보다 우울한 기분은 자연스러운 감정이며, 남편도 나와 마찬가지로 때로 우울해질 권리가 있으니까요. 이런 남편의 기분은 일시적이며 그러지 말라고 강요해서 해결될 일도 아닙니다.

나는 거부반응을 자제하고, 상황을 악화시킬 수 있는 말다툼을 피하려고 노력하고 있습니다. 남편이 우울해할 때 나의 반응을 관찰해 보니, 그가 완벽하지 못하다며 미워하고 있더군요. 사실 하루 종일 직장에서 시달리다가 퇴근해 가족을 위해 헌신하는 게 보통 일이 아니라는 것을 알면서도, 남편이 느끼는 긴장감과 부담감에 대해서는 나 몰라라 했던 거죠.

하지만 남편이 기분 내키는 대로 행동하도록 내버려두는 것도 곤란합니다. 우울한 기분은 아이에게도 영향을 미칠 수 있으니까요. 남편은 집에서 하는 행동에도 책임을 져야 합니다. 나 또한 스스로를 괴물과 함께 사는 희생자로 여기는 것이 부부 관계에 좋을 게 없다는 걸 인식하는 것이 중요하겠죠.

부부가 각자 자신의 잘못에 책임을 지는 것만으로도, 부부는 배우고 성숙하면서 더욱 가까워질 수 있다. 대개는 양쪽 모두 어느 정도 잘못이 있다. 남편에게 어떤 문제를 이야기할 때, 내가 먼저 마음을 열고 일부 책임을 인정하면 그도 무장 해제될 것이다. 예를 들어, "제발 조심해서 걸어 다녀요!"라고 핀잔을 주기보다는 "아직 자크에게 장난감 치우는 걸 못 가르친 건 미안해요. 하지만 당신도 아기를 안고 다닐 때는 발밑을 조심해야 해요."라는 식으로 말한다면 남편도 순순히 자신의 잘못을 인정할 것이다.

자신이 배우자에게 하는 행동 뒤에 숨은 의도를 생각해보자. 선의에서 우러난 행동인가, 아니면 점점 더 마음을 모질게 먹고 있는가? 우리가 하는 행동이 자신과 배우자에게 어떤 영향을 주고 있는가? 책임을 진다는 것은 상대방에게 하는 말뿐 아니라 자기 자신의 말에도 귀를 기울이는 것이다. 또한 어떻게 반응할지는 선택이라는 사실, 불가피한 게 아니라는 것을 인식하는 것이 중요하다.

우리는 종종 이기적이 되어 배우자를 전혀 배려하지 않을 때가 있다. 물론 배우자도 우리를 전혀 배려하지 않을 때가 있다. 하지만 이런 일이 자주 일어난다면 서로 존중하는 언어를 사용해 대화를 나눌 필요가 있다. 대화법에 관해서는 이 장의 후반부에서 다루도록 하겠다.

먼저 자신을 사랑한다

우리는 알게 모르게 스스로에게 하는 것처럼 다른 사람을 대한다. 만일 자신의 고통을 깊이 들여다보지 않으려고 한다면 다른 사람이 겪는 고통도 모르고 지나갈 수 있다. 만일 스스로에게 가혹하고 비판적이면 다른 사람에게도 그렇게 하기 쉽다. 따라서 우리 자신에 대한 측은심은 부부 관계를 포함해 모든 대인관계에 필요한 측은심의 기초가 된다. 자신에 대한 측은심이 부족하면 배우자에게 지나친 요구를 해서 힘들게 할 수 있고, 자신의 부족한 부분을 배우자가 채워주기를 기대할지도 모른다.

불교에서는 우리 자신을 사랑할 수 있는 몇 가지 방법을 제시한다. 우선 자비명상을 하거나 일상생활 속에서 우리의 선한 품성을 불러오는 방법이 있다. 우리가 전에 베풀었던 관대한 행동들을 기억해내서 우리 자신을 사랑할 수밖에 없는 이유들을 찾아보자. 자신이 가진 사랑하는 능력에 대해 자긍심을 갖고, 자책하는 습관을 버리자. 자신을 사랑하기 위해서는 성품이 특별히 선량하거나, 뭔가를 잘하거나, 많은 사람의 사랑을 받아야 한다고 생각할지도 모른다. 하지만 그보다는 이웃 아이를 염려하거나, 어려운 누군가에게 측은심을 느끼거나, 어려운 처지에 있는 사람을 도와준 일을 기억하면 훨씬 쉽게 자신을 사랑할 수 있다.

또 다른 방법은, 우리 안에 완벽하게 자비롭고 현명한 존재인 불성이 있음을 기억하는 것이다. 그것에 대해 명상하거나 수시로 생각해본다. 우리에게 내재된 불성과 자비심에 의지하면 배우자에게 지나친 요구를 하지 않게 된다.

많은 사람이 배우자가 충분한 사랑을 주지 않는다고 실망한다. 배우자가 주는 관심과 배려가 부족하게 느껴지거나 평소에 애정을 표시하는 방식이 만족스럽지 않을지도 모른다. 하지만 문제는 배우자가 우리를 사랑하지 않는 것이 아니라, 우리가 원하는 방식으로 사랑을 표현하지 않는 것일 수 있다. 불성에 의지하는 것은 끝없이 용솟음치는 사랑의 샘을 만난 것과 같으므로 훨씬 자족적이 될 수 있다.

또한 혼자서도 즐거운 시간을 보낼 수 있는 능력과 기회가 필요하다.

보통 사랑하는 사람들과 의미 있는 시간을 보내는 것은 이런 시간이 필요하다는 것을 알기 때문이다. 그렇다면 우리 자신과의 관계를 위해서도 시간을 내야 하지 않겠는가? 명상과 마음챙김은 우리 자신과의 관계를 위한 공간을 만들고 타인과의 관계도 돈독히 할 수 있도록 해준다.

가사 분담하기

아이가 생기면 엄청나게 불어난 집안일을 분담하는 문제가 부부 갈등의 원인이 되기도 한다. 종종 엄마들은 남편이 가사를 도와주지 않는다고 하소연한다. 일찌감치 협상을 포기하고 체념하는 엄마도 있지만, 계속 부글부글 속을 끓이며 사는 엄마도 있다. 이들은 결혼을 할 때 평등한 관계를 기대했지만, 결국 속았다고 생각한다.

배우자가 직장에 매여있거나 관심이 부족해서 아이를 돌봐주지 않으면 엄마들은 자유 시간이 생길 수 없다. 아내에게 휴식을 주기 위해 영웅적인 시도를 하는 남편도 있지만, 대부분의 엄마는 혼자 아이를 돌보며 이따금 외출하는 것만으로도 죄책감을 느낀다. 대부분 부부가 함께 가정을 위해 헌신하지만 수면, 휴식, 집안일과 같은 문제에서 불리한 쪽은 분명 여성이다. 이전 세대의 엄마들보다는 훨씬 더 나은 환경에서 살고 있지만 아직 전쟁은 끝나지 않았다.

베풀고 도와주고 사랑할 것을 강조하는 불교의 가르침은 자칫 순종적으로 참고 살라는 강요처럼 비춰질 수 있다. 착취를 당하면서 어떻게 수행을 할 수 있는가? 화를 내지 않고 어떻게 공평한 권리를 얻을 수 있는가? 이기적으로 행동하는 배우자를 어떻게 순수하게 사랑할 수 있는가? 많은 엄마가 매일 이런 고민을 하거나, 차라리 포기하고 마음의 평화를 택한다.

개개인의 사정이 모두 다른 만큼 불교가 구체적인 해결방법을 제공할 수는 없다. 일반적으로, 자비롭고 성숙한 방식으로 문제를 해결하는 수밖에 없는데, 불자의 관점에서 한 가지는 분명하다. 화를 내는 것으로는 해결되지 않는다는 것이다. 우리는 종종 부당함에 맞서 습관적으로 화를 내지만 화를 내면 얻는 것보다 행복, 건강, 수행 등 잃는 것이 더 많다.

그러면 어떻게 해야 할까? 묵묵히 참고 견뎌야 하는가? 『보살의 생활방식 안내서 *Guide to the Boddhisattva's Way of Life*』에 나오는 구절을 생각해보자.

만일 고칠 수 있는 것이라면
왜 걱정을 하는가?
그리고 고칠 수 없는 것이라면
걱정을 해봐야 무슨 소용이 있겠는가?

간단히 말하면, 할 수 있는 행동은 하되 걱정은 할 필요가 없다는 것이다. 용감하고 영웅적인 여성들이 오랜 세월 여권운동을 해왔으므로 여기서 나는 현실적인 해결책에 초점을 맞추겠다. 어떤 엄마는 가정부를 고용할 수 있고, 어떤 엄마는 당번표를 만들어서 배우자와 교대를 하거나 필요할 때마다 협상을 할 수 있을 것이다. 부부싸움을 피하려면 우선 배우자의 처지와 장점을 인정해준 후에 협조를 부탁하는 식으로 조용히 토론하는 것이 좋다. 만일 조용한 토론이 불가능할 것 같으면 상대방을 존중하는 언어로 편지를 쓰는 방법도 있다.

　배우자와 의논할 때는 측은심을 갖고 임해야 한다. 상대방의 고통보다 자신의 고통이 더 크게 느껴지겠지만, 배우자도 자신과 마찬가지로 인간으로서 고통 받고 있다는 걸 기억하자. 그가 어떤 고통을 받고 있는지 생각해보면 측은심이 생길 수 있다. 티베트의 관리가 중국인과 만나는 자리에서 측은심을 갖고 건설적으로 접근하기 위해 노력하는 모습을 생각해보자. 중국이 탄압함에도 불구하고 이들이 보여준 성숙한 태도는 훌륭한 본보기가 될 수 있다.

　관대함은 불교에서 중요시하는 특성이지만 각자의 판단력을 필요로 한다. 무조건 베풀기만 하는 것이 자기 자신을 사랑하는 행동은 아니며, 베푸는 데도 요령이 필요하다. 따라서 화목한 가정을 위해서는 가족이 서로 돕는 동시에 억울하게 느끼는 사람이 없도록 해야 한다. 가족이 게으름을 피우도록 내버려두면 그러한 습관이 인격의 일부가 되기 때문에 결과적으로 이들이 나쁜 업을 쌓게 된다. 업의 인과응보는 가족은 물론 사회와 미래 세대에까지 영향을 미친다. 만일 아이에게 여자를 하인처럼 여기는 인식을 물려준다면 남녀 불평등 문제를 영속시키는 결과가 된다.

　수행을 함께하는 한 친구는 대부분의 관계에서 어느 한쪽이 참고 받아들이는 역할을 한다고 주장한다. 얼마 전 현대 결혼의 문제에 대한 논문을 끝낸 그녀는 이런 이야기를 했다.

우리는 평등한 결혼 생활에 대해 역사적으로 생각해볼 필요가 있어요. 우리가 미래를 향해 가고 있는 것이 아니라 어느 시점에 정지돼있다고 생각하면 불평등한 관계 때문에 화가 날 수 있겠죠. 하지만 이것은 마치 박사학위를 원하는데 지금 당장 없다고 화를 내는 것과 마찬가지입니다. 여성은 자신이 한 세대를 살면서 엄청난 진전을 이루어냈다는 사실에 기뻐해야 합니다. 그리고 불평등 문제는 앞으로도 계속 개선될 겁니다.

대화의 기술

올바른 대화는 팔정도 중 하나이다. 흥미로운 점은 대화는 분명히 행동이지만 올바른 행동의 범주에 포함되지 않고 따로 분류되었다는 것인데, 분명 붓다가 올바른 대화를 특별히 강조하고 싶었기 때문일 것이다. 우리가 수십 년 전에 했던 말 때문에 지금도 후회할 수 있다는 걸 생각해보면, 붓다가 이렇게 생각한 이유를 이해하기 쉽다. 붓다는 말을 도끼에 비유했다. 유용하고 강력한 도구이지만 커다란 손상을 입힐 수 있는 무기라는 뜻이다. 불교에서 말하는 십악 중에서 세 가지는 몸, 세 가지는 마음과 관련이 있고, 네 가지는 입에서 나오는 거짓말, 이간질, 독설, 객담에 대한 것이다.

7. 거짓말하지 마라. 신중하게, 두려워하지 말고, 사랑하는 마음으로 진실을 말하라.

8. 사악한 말을 만들어내거나 되풀이하지 말라. 다른 사람의 단점을 찾지 말고 장점을 찾아서, 그들이 비난 받지 않도록 진심으로 변호하라.

9. 욕을 하지 말고, 점잖고 품위 있는 말을 하라.

10. 잡담으로 시간을 낭비하지 말고, 요점을 이야기하거나 침묵을 지켜라.

올바른 말은 삶의 모든 부분에서 중요하지만 특히 가정에서 중요하다. 부부는 다른 어떤 관계보다 마음을 터놓고 허심탄회하게 이야기할 수 있다. 배우자에게는 감정을 이야기하기가 쉽다. 친구에게 모든 감정을 솔직하게 이야기한다면 외톨이가 될지도 모르지만, 부부 사이에선 가능하다. 하지만 모두 잘 알다시피 감정 표현이 자연스러운 만큼 곧잘 부부싸움이 일어난다.

올바른 언어를 사용하면 부부싸움을 줄일 수 있다. 우리가 말하는 방식은 전염성이 있어서, 화를 내면서 말하면 같은 식의 대답이 돌아오기 쉽다. 반면 상대방이 유쾌하게 인사하면, 기분에 상관없이 조금은 편안해지고 같은 태도로 대답하게 된다. 말하는 방식에 따라 집안 분위기가 달라진다는 사실은 생각보다 중요하다. 플린더스 대학과 라트로브 대학이 750명의 호주 가족(해외의 유사한 연구와 동조한)을 대상으로 조사한 연구에 따르면, 청소년에게 가장 중요한 것은 가정의 사회적이며 정서적인 분위기이다.

말에는 사고방식과 선입견이 드러나는 만큼 신중해야 하며, 또한 결과를 염두에 두고 말을 할 필요가 있다. 나는 남편과 이야기할 때 종종 다른 사람을 비난하고 불만을 토로하고 편집증적으로 흥분하고 화를 내곤 한다. 우리 부부의 대화를 꼼꼼히 분석해보면 내가 어느 부분에서 수행이 필요한지 금방 알 수 있다. 어느 불교 학교에서는 '60초 훈련'이라는 재미있는 훈련을 한다. 이는 두 사람이 건설적이고 유익한 대화를 나누기 위한 한 가지 방법으로, 대답하기 전에 60초씩 간격을 두는 것이다. 이런 훈련을 따로 하지 않더라도 대답하기 전에 잠깐씩 생각하는 시간을 가지면 도움이 된다.

그러면 붓다는 올바른 대화를 어떻게 정의했는가? 첫째, 올바른 대화는 진실하다고 말했다. 그러기 위해서는 마음을 열고 솔직하고 단순하게 대화를 하고, 거짓말을 하지 말아야 한다. 둘째, 친절하고 부드럽게 말을 해야 한다. 거친 언어를 삼가고, 잔인하고 모진 말을 피해야 한다. 또한 유익한 말이어야 한다. 그러기 위해서는 험담이나 이간질을 하지 말고, 듣는 사람의 필요나 관심을 생각해서 혼자 떠드는 것을 피해야 한다. 한 엄마는 이러한 가르침이 자신에게 가져다준 변화를 이렇게 설명한다.

험한 말을 쓰지 말아야 한다는 것을 알았어요. 친절하고 부드럽고 유익한 대화를 하려면, 말을 순화할 필요가 있습니다. 나는 특별히 입이 험하진 않지만, 가끔 너무 신랄한 말을 내뱉곤 했거든요.

한 가지 예를 들면, 나는 남편에게 내가 만났던 사람을 두고 이야기할 때 '패배자, 멍청이, 바보'라고 부릅니다. 그런 단어를 사용하면서 어떻게 그들에게 측은심이 생길 수 있겠어요? 험한 말을 쓰면 실제보다 더 화가 난 것처럼 들릴 수 있고, 불필요하게 긴장을 고조시킬 수도 있습니다. 부정적인 언어로 생각하는 것을 멈추면, 평정심을 향해 한 발 더 다가갈 수 있지요.

다음과 같은 불교의 원칙을 염두에 두면 도움이 될 것이다.

1. 자신과 대화하는 것도 필요하다

우리는 내면의 소리에 귀를 기울여야 할 때, 지나치게 말을 많이 하는 경향이 있다. 만일 자신의 문제를 항상 배우자나 다른 사람들에게 하소연하고 조언을 구한다면, 스스로 대답을 찾을 수 없다. 자신의 직관과 만나지 못하는 것이다. 사람들은 저마다 조언과 의견과 경험담을 들려주면서 우리 내면의 목소리를 듣지 못하게 할 것이다. 하지만 때로는 좀 더 마음을 열고 많은 사람과 대화하는 것이 필요한 경우도 있다.

2. 때와 장소를 가려서 대화한다

아이가 시리얼을 엎지르자 남편이 화를 내며 야단을 친다. 남편이 사소한 일에 과잉반응을 하고 있다고 느낀 아내는 즉시 그에게 따진다. 남편은 방어적이 되어서 반격을 하고, 결국 말다툼으로 이어진다. 만일 아내가 남편의 화가 풀릴 때까지 기다렸다가 아이에게 현실적인 기대를 해야 한다고 조언했다면, 부부싸움을 피할 수 있었을 것이다.

우리의 생각을 언제 이야기하면 좋을지 생각해볼 필요가 있다. 배우자가 비난을 할 때, 곧바로 변명을 하는 것은 현명하지 않다. 억울하다고 느끼면, 평온하고 차분하게 이야기할 수 있을 때까지 기다리는 것이 바람직하다. 당장 화를 내고 말다툼을 하는 식으로는 문제가 더 꼬일 뿐이다. 대화할 때는 자제력이 중요하다.

3. 적절한 주제로 대화한다

적절한 주제로 이야기하기 위해서는 듣는 사람의 관심사와 우리가 하는 말 뒤에 숨은 의도를 파악해야 한다. 말을 꺼내기 전에 잠시 생각해보자. 나는 왜 이 말을 하려는 것일까? 도움을 주려는 것인가? 아니면, 야단을 치거나, 자랑하거나, 기만하거나, 영향력을 행사하거나, 피해를 주려는 것인가?

불평을 줄이고 자주 감사를 표현할 필요가 있다. 그러면 집안 분위기가 놀라울 정도로 달라질 것이다. 이것을 직접 경험한 한 엄마가 이런 이야기를 했다.

오랫동안 나는 남편이 나에게 좀 더 고마워하고, 좀 더 살갑게 대해주고, 좀 더 칭찬해주기를 바랐습니다. 그러다가 어떤 책에서 읽은 대로 내가 먼저 용기를 내 보았지요. 그가 멋있어 보일 때 칭찬해주고, 좋은 품성에 감사를 표하고, 자주 안아주기 시작했습니다. 그러자 남편도 작은 친절을 돌려주기 시작하더군요. 아주 간단한 방법으로 결혼 생활이 몰라보게 건강해진 것입니다. 일찌감치 내가 솔선수범했더라면 그렇게 오랜 세월을 낭비하지 않았을 텐데!

어떤 말을 꺼내기 전에 생각하는 습관을 들여보자. '내가 지금 진실을 말하고 있는가? 친절한 말인가? 유익한 말인가? 해를 끼칠 수 있는 말인가? 시기적절한 말인가? 이런 말을 해도 될까?' 이런 질문은 실수에서 배울 수 있는 기회를 준다. 올바른 대화를 터득하려면 오랜 시간이 걸리지만 적어도 점차 나아진다는 건 장담할 수 있다. 나도 수없이 실수를 했으니까.

또한 조용히 그리고 천천히 말을 하면, 좀 더 신중해질 수 있다고 한다. 그래서 어떤 사람은 일부러 말을 자주 멈추고, 대답을 하기 전에 간격을 두려고 노력한다. 지나치게 신중하면 대화의 즐거움이 반감될 수 있지만, 적절한 말을 하기 위해 꾸준히 노력하면 후회의 고통과 나쁜 업에서 자유로워질 수 있다.

사랑한다면, 귀를 기울여라!

상대방이 하는 이야기에 완전히 집중해서 귀를 기울이는 것은 강력한 사랑의 표현이다. 누군가 우리에게 조용하게, 주의 깊게, 판단하지 않고 귀 기울여주는 것은 커다란 선물이 될 수 있다. 그것은 우리의 현실을 탐구하고, 생각을 발견하고, 확대하고, 확장하는 기회가 된다. 창조적이 되고, 고통이 반감된다. 귀를 기울이는 단순한 행동으로 부부 관계가 몰라보게 달라질 수 있다.

하지만 참을성 있게 귀를 기울이는 능력은 저절로 생기는 것이 아니다. 누구든 자신의 이야기에 귀를 기울여 들어주는 사람과 함께 있으면 기분이 좋아지고 편안하고 행복해진다. 귀 기울이기는 일종의 능력이며, 모든 능력이 그렇듯 시행착오를 거쳐 배우게 된다.

귀를 기울이려는 노력은 상대방을 좀 더 깊이 이해하고 사랑하게 만든다. 상대방이 내 이야기를 들어주고 이해한다고 느낄 때, 그리고 상대방의 이야기를 듣고 이해할 때, 서로에게 믿음이 생긴다. 상대방에게 귀를 기울이지 않는다면 두 사람의 관계는 위태로워진 것이다.

아이러니한 것은 가까운 사람일수록 귀를 기울이기 어렵다는 사실이다. 서로를 잘 모르는 결혼 초기에는 귀를 기울이기가 훨씬 쉽다. 상대방이 하는 이야기를 들으며 감동 받고 새로운 사랑의 호르몬이 샘솟는다. 하지만 시간이 지나면서 한 귀로 듣고 한 귀로 흘려버리며 듣는 둥 마는 둥 하는 것이 습관이 된다.

모든 것이 변한다는 진리를 무시하고 배우자에 대해 모든 것을 알고 있으며, 그가 무슨 말을 할지 들어볼 필요가 없는 것처럼 느낀다. 아니면 우리의 기대, 욕구, 성급한 판단이 듣는 것을 방해를 한다. 귀를 기울이기 위해서는, 상대방의 모든 것을 알지 못한다는 사실을 인정해야 한다. 계속해서 변화하는 상대방을 이해하기 위해서는 상상력을 발휘해 그의 현실 속으로 들어가야 한다.

누군가에게 귀를 기울이는 시간은 침묵하면서 정신을 집중하는 명상과도 같다. 귀를 기울이는 것은 상대방에게 주의를 집중하는 일종의 마음챙김이다. 딴생각을 하거나 성급하게 판단하거나 단정 지으려는 마음을 잡아서 상대방에게 초점을 맞추고, 그가 보내는 모든 메시지(신체언어, 억양, 그리고 무엇보다 말 뒤에 숨은 감정)를 의식하는 것이다.

상대방이 편안하게 이야기를 계속할 수 있도록 도와주기 위해서는 대화의 주도권을 양보해야 한다. 그리고 측은심을 갖고 '자아'를 내세우지 말아야 한다. 명상을 할 때와 마찬가지로, '좋다' 또는 '나쁘다'라는 판단을 보류하고 끝까지 들어야 한다. 상대방이 하는 이야기에 동의

하거나 찬성하지 않는다고 해도, 현명하거나 똑똑하게 보이고 싶고 당장 뭔가 말하고 싶어도 참아야 한다. 중간에 끼어들거나 동정을 표하거나 조언을 하거나 화제를 돌리지 않도록 한다.

우리가 대화 중에 질문을 하는 이유는 대화의 주도권을 잡거나 궁금한 것을 알고 싶기 때문이다. 하지만 질문을 하기보다 화자 스스로 하고 싶은 말을 하도록 하게 하라. 그리고 우리가 하고 싶은 말보다 화자가 하는 말이나 그가 느끼고 있다고 생각하는 것을 요약해서 설명한다. 예를 들어, "정말 네가 화날 만도 하구나."라는 식으로 맞장구를 친다. 화자는 우리가 자신을 이해하고 있다는 것을 알고 편안하게 이야기를 계속할 것이다.

올바른 말과 마찬가지로, 올바른 듣기도 우리가 하는 대화를 다시 생각해보고 반성하는 방법을 통해 배울 수 있다. '나는 얼마나 온전하게 귀를 기울였는가? 성급한 판단을 하지는 않았는가? 나의 의견과 해결책을 제시하지 않았는가? 얼마나 집중을 했는가?' 집중력과 자제력을 갖고 귀를 기울인다면, 배우자뿐 아니라 아이들도 우리를 믿고 의지하게 될 것이다. 귀를 기울이는 것은 이기심과 자기도취에서 벗어나 좀 더 넓은 세상으로 나가는 방법이다.

온 마음을 다해 귀를 기울인다

- 모든 관계는 우여곡절을 거치며, 어떤 단계도 영원하지 않다는 사실을 받아들인다.
- 아이는 부모의 관계를 보고 배운다는 것을 기억한다.
- 서로 다투고 비난하고 원망하는 습관이 들었다면, 일단 '멈추어서 자각하는' 연습을 한다.
- 배우자에 대한 사랑이 집착이 아닌지, 두 사람이 하나임을 인정하는지, 자비심, 측은심, 수희심, 평정심을 느끼는지 점검한다.
- 갈등이 일어나게 된 이유에는 자신의 잘못도 있다는 것을 인정한다.
- 반응하는 방식은 스스로 선택할 수 있다는 사실을 인식한다.
- 자주 배우자의 의견을 들어보고, 소신껏 행동하도록 격려한다.
- 먼저 스스로에게 측은심을 갖는다.
- 자기 자신과의 관계를 위한 시간을 만들어 혼자 즐기는 시간을 갖는다.
- 가사를 혼자 떠맡지 않는다. 가족과 분담함으로써 가족을 무책임하게 만들지 않는다.

- 배우자와의 대화를 되돌아보고, 수행이 필요한 부분을 알아낸다.
- 말하는 방식은 전염성이 있다는 것을 염두에 둔다.
- 뭔가를 말하기 전에 잠시 멈추고, 천천히 이야기하려고 노력한다.
- 진실하고 친절하고 부드럽고 유익한 말을 하려고 노력한다.
- 때로는 스스로와 대화한다.
- 하고 싶은 말을 자제하고 보류하는 법을 배운다.
- 듣는 사람의 욕구와 관심을 고려해서 말한다.
- 감사는 많이, 불만은 적게 표현한다.
- 판단하거나 끼어들거나 주도하려고 하지 않고, 온전히 귀를 기울인다.

08

행복과
자아 이미지

첫아기 자크를 처음 배 위에 올려놓았을 때 나는 그렇게 기쁠 수가 없었지만 곧 회
의와 걱정이 밀려왔다. 아이가 건강하게 자랄까? 누가 아이를 훔쳐가지 않을까?
내가 좋은 엄마가 될 수 있을까? 그리고 얼마 안 가 그 행복의 원천은 매일 저녁 몇
시간씩 자지러지게 울면서 나를 미치게 만들었다.

나는 행복에 대해 많은 생각을 하면서 보냈다. 어떻게 하면 행복해질 수 있을까? 어떻게 하면 행복을 유지할 수 있지? 완벽한 행복이 가능할까? 그리고 행복을 누리고 있으면서도 종종 불안해했다. 어떻게 해야 행복을 놓치지 않을 수 있을까? 내가 과연 행복할 자격이 있을까? 많은 사람이 슬픔 속에서 살고 있는데 나는 행복할 권리가 있는 걸까?

'행복해지는 열 가지 비결'을 알려주겠다고 선전하면서 돈을 버는 사람들이 있다. 하지만 행복해지는 비결이 따로 있을까? 어느 날 저녁, 스승으로부터 행복의 첫 번째 비결이라고 생각되는 것을 배웠다. 그 가르침은 내가 불교를 수행하겠다는 결심을 굳히는 계기가 되었다. 마치 행복 퍼즐의 첫 번째 조각을 내 손에 쥐어준 것 같았다.

"바깥세상에서 주워오는 행복은 일시적일 뿐입니다. 깊고 영원한 행복은 우리 안에서 오는 것입니다."

나는 과거에 평화롭고 행복했던 순간들을 돌아보면서 이 말에 깊이 공감했다. 외부 세상에서 오는 행복은 일시적이고 불안정하다. 첫아기 자크를 처음 배 위에 올려놓았을 때 나는 그렇게 기쁠 수가 없었지만 곧 회의와 걱정이 밀려왔다. 아이가 건강하게 자랄까? 누가 아이를 훔쳐가지 않을까? 내가 좋은 엄마가 될 수 있을까? 그리고 얼마 안 가 그 행복의 원천은 매일 저녁 몇 시간씩 자지러지게 울면서 나를 미치게 만들었다.

……하면 행복할 텐데

"행복은 우리 내면에서 온다."는 말은 진부하고 고리타분하게 들린다. 우리는 이 말에 동의하기는 하지만 실제로는 우리 내면이 아닌, 바깥세상에서 행복을 추구하며 시간을 보낸다. 언제라도 마음만 먹으면 행복해질 수 있다는 진리를 믿지 못하고, 항상 밖에서 행복을 찾는다.

삶은 소망과 기대와 욕심으로 점철되어있다. 우리는 사랑하는 연인, 자랑스러운 아이들, 충직한 친구들, 만족스러운 직업, 많은 재산, 그리고 적당한 자극을 원한다. 이런 것들은 시작에 불과할 뿐 우리는 불만족스러운 부분에 초점을 맞추고, 스스로 불행하다고 느낀다. 또한 어느 부분에서 성공을 하고 행복을 느낀다고 해도 그 상태가 영원히 지속되지는 않는다.

원하던 것을 얻으면, 계속해서 기준을 높이고 더 많은 것을 요구하는 것이 사람이다. 안락한 집이 생기면 호화 주택을 원하고, 호화 주택이 생기면……. 행복과 평화는 잠시뿐이다.

우리는 저기 보이는 모퉁이만 돌아가면 행복이 있다고, 언젠가는 행복해질 수 있다고 스스로를 타이른다. '학교만 졸업하면……' 에서 '더 나은 직장을 구하면……'으로, 그다음에는 '사랑하는 사람을 만나기만 하면……' 하고 원하는 것을 바꾸어가면서 계속 행복하기를 미룬다. 많은 여성이 결혼 후 '아이가 생기면 얼마나 행복할까?'라고 상상한다. 하지만 막상 아이가 생기면 아이가 커다란 기쁨과 함께 여러 가지 어려움과 고통을 가져다준다는 것을 알게 된다. 항상 다음 모퉁이를 돌아가면 행복이 있을 거라고 기대하지만, 결국 현재 순간에서 행복을 찾지 못하고 기쁨을 느낄 기회를 놓쳐버린다.

우리는 끊임없이 '좋은 경험'과 '나쁜 경험'을 구분한다. 그리고 '나쁜 경험'을 피하고, '좋은 경험'을 하기 위해 미리미리 준비한다. 하지만 이렇게 노력함에도 불구하고 삶은 우리를 번번이 실망시킨다. 선불교에서 말하듯 삶은 '만 가지 기쁨과 만 가지 슬픔'을 선사한다. 어차피 살면서 즐거움뿐 아니라 고통도 마주해야 하는 거라면, 행복을 외부 환경에만 의지할 수는 없지 않을까?

가끔 일시적인 행복을 추구하는 것이 부질없이 느껴질 때가 있다. 하지만 우리는 내면의 공허함을 인정하기보다는, 더 많은 것을 바라고 또 다른 뭔가를 추구한다. 세계 일주를 해야 하고, 연인을 만나야 하고, 흥미로운 변화가 필요하다고 생각한다. 그래서 원하는 것을 구하기 위해 다시 바깥세상으로 눈을 돌린다.

우리는 동분서주하면서 내면을 들여다보길 소홀히 하지만, 마침내 모든 것을 멈추고 단순하게 존재하는 시간이 필요해진다. 실비아 부어스타인은 『아무것도 하지 말고 앉아라*Don't Just Do Something, Sit There*』라는 제목의 책을 썼다. 명상과 마음챙김은 우리를 내면과 연결시켜주므로, 이를 통해 내면과 접촉해보는 것이 좋다. 외부 환경이 아닌 내면으로부터 행복을 추구하는 법을 배운다면 삶이 던지는 도전에 마주할 힘이 생긴다.

행복, 또는 행복의 부재는 엄마들에게 심각한 문제가 될 수 있다. 특히 둘째 아이가 태어나는 경우에 그렇다. 육아 잡지 《시드니스 차일드》에서 보고한 연구 결과에 의하면 "……둘째 아이를 출산한 다음 해에 여성의 삶에 대한 만족도는 급격하게 떨어진다. 또 다른 연구에서는 둘째를 낳은 많은 여성이 병원 치료가 필요할 정도로 과도한 스트레스에 시달리고 있다는 것을 발견했다."

엄마들에겐 '반드시 해야 하는' 일이 산적해 있다. 집안일, 서류 정리, 전화 통화, 세금납부, 약속, 생일잔치 등등. 가정 구성원 모두가 각자 좋은 시간을 보내고, 좋은 사람들과의 만남을 유지할 수 있어야 한다. 하지만 엄마는 잡다한 일에 묻혀 언제 폭발할지 모르는 상태에 놓여있다.

엄마는 가정을 돌보느라 자신의 행복을 추구할 여유가 없다. 직장에 다니거나 취미생활을 하거나 친구를 만날 시간은 줄어들고, '가족 휴가'는 사실상 어불성설이다. 엄마의 행복은 언제라도 아기의 울음, 아이의 떼쓰기, 딸의 수면장애, 아들의 반사회적 행동, 또는 직장 문제 때문에 여지없이 무너진다. 아이를 키우는 일은 산 너머 산이다. 행복은 머나먼 꿈이고, '잠시만이라도 평화와 평온'이 머물길 바랄 뿐이다.

물론 엄마들은 아이가 무럭무럭 자라고 행복하게 뛰어노는 것을 지켜보며 새로운 행복을 발견한다. 그리고 다른 엄마들과 친구가 되기도 한다. 하지만 '만일 아이들이 학교에 다닐 때가 되면', '만일 이 단계를 통과하기만 하면', '아이들이 독립을 하기만 하면!'이라고 바라면서 언제까지나 행복을 연기한다.

자식을 다 키워놓은 엄마는 흔히 "아이들이 너무 빨리 커버려서 아쉽다."고 한다. 지금은 남의 일 같겠지만 어쨌든 이 시간은 지나가 소중한 추억으로 남을 것이다. 작가 앤 쿠쉬먼은 이 말의 의미를 이렇게 표현했다.

아무 걱정 없는 천진난만한 아이를 사랑하는 것보다 무상함의 진리를 뼈저리게 느끼는 일이 또 있을까? ……모든 것이 완벽하게 움직인다고 해도 이 특별한 시간—아이와 함께 욕조 안에 들어가, 옹알이를 하고 첨벙거리며 열심히 장난감 오리의 부리를 빨아대는 아이를 보고 있는 이 시간—은 비누거품처럼 사라질 것이다. 지난 7월 뜨거운 태양 아래서 수영을 즐기던 나의 뱃속에서 발길질을 하고 있던 이 아이는, 언젠가 중년의 남자가 되어 산속 호수에 내 재를 뿌리며 흐느끼겠지.

아이가 빨리 자라기를 기다리는 동안 지금의 행복은 저 먼 미래로 달아나고 있다. 그러다가 나이가 들면 아마 자녀의 사진첩을 넘기면서 아이들의 어린 시절을 마음껏 즐기지 못했다고 후회할 것이다. 아이가 처음 태어난 몇 년 동안이 정서적이고 지적인 발전에 가장 중요한 시기라고 한다. 이 사실은 우리가 어린아이와 함께하는 순간이 얼마나 소중한지를 다시금 일깨워주며, 지금 순간에서 행복을 구하라고 우리를 독려한다.

자아 이미지의 혼란

엄마가 되기 전에는 마음만 먹으면 자아 이미지를 관리할 수 있었다. 하는 일이 마음에 들지 않으면 더 나은 만족을 느낄 수 있는 일을 찾으면 됐다. 우리는 젊었고, 뭐든 할 수 있을 것처럼 느꼈다. 고민이 전혀 없었던 것은 아니지만 우울할 때는 얼마든지 기분전환을 할 수 있었다. 삶에는 고통과 불만이 있다는 진리로부터 숨기 쉬웠고, 노화, 질병, 죽음에 대해서는 생각조차 하지 않았다.

그러다 어느덧 아이가 생겼다. 이제는 직장을 그만두고 집에서 아이를 돌보아야 하거나 직장을 다닌다고 해도 자기계발을 위한 시간을 내기가 어려워졌다. '나는 누구인가?'라는 질문에 더 이상 대답할 수 없다. 이제 우리는 어떤 자아상을 추구해야 하는가? 하루 종일 아이들 뒤치다꺼리를 하는 것이 엄마의 자아 이미지를 보강해주지는 않는다. 한 친구는 떼쓰는 세 돌짜리 딸에게 "난 너의 노예가 아니야!"라고 말했다가 "엄마는 노예 맞아요!"라는 확인을 받았다고 한다.

엄마라는 사실이 자랑스럽고, '모든 것을 가진' 것처럼 느껴질 때가 있다. 하지만 때로 육아문제로 고민하거나 무자비한 희생을 하고 있다는 생각이 들면 자아 이미지가 흔들린다. 엄마들은 하소연한다. "내 시간이 거의 없고 어쩌다 시간이 난다고 해도 너무 지쳐서 아무것도 할 수가 없어.", "이제 내 인생은 끝났어.", "내가 할 수 있는 일이라곤 가족 시중을 드는 일밖에 없어." 심지어 "더 이상 내가 누구인지 모르겠다."고 느낀다. 이 모든 것이 자아 이미지가 무너져 내리는 증상이다.

내 친구 조앤은 이렇게 표현했다.

둘째 아이가 태어나고 몇 달이 지나자, 한때 알고 있었던 내 모습을 잃어버렸다는 것을 알았어. 돌이킬 수 없는 지경까지 후퇴한 것처럼 느껴졌지. 내 안에 있는 완벽한 엄마가 처참하게 죽어가고 있는 것을 무기력하게 지켜보면서 이러다가 미쳐버리는 게 아닌가 싶을 정도였어.

어떻게 하면 아이들 뒤치다꺼리와 허드렛일, 잡다한 심부름에 시달리면서도 긍정적인 자아 이미지를 유지할 수 있을까? 많은 사람이 자신이 하는 일에서 의미를 찾으려고 하는데, 정말 직업이 자아 이미지의 확실한 원천인가? 어떤 직업은 자아 이미지를 오히려 손상시킬 수도 있고, 좋은 직장이라도 그만두게 되면 하루아침에 자아 이미지에 타격을 받을 수도 있다. 아니면 가정과 직장 어디에서도 자신이 맡은 역할을 제대로 못하는 것처럼 느낄 수도 있다.

불교는 한마디로 자아 이미지를 떨쳐버리라고 한다. 우리가 어떤 식으로든 안정적이고 일관적이며 지속적인 형태로 존재한다는 생각이야말로 불행의 원인이기 때문이다.

완벽한 엄마의 탈을 벗어라!

우리는 가치 있고, 쓸모 있는 사람이 되어야 행복할 수 있다고 느낀다. 머릿속으로 자신의 장단점을 열거하고 앞으로 무엇을 해야 할지 생각하며, 지금과는 다른 사람이 되기를 바란다. 이런 면에서 보면 정체성을 추구하는 것은 일종의 짐이다. 사람은 긍정적 자아 이미지를 창조하기 위해 일생동안 끊임없이 노력하지만, 그것을 스스로 인정하는 사람은 많지 않을 것이다. 이는 "나 자신을 자랑스럽게 느끼기 위해 대부분의 힘을 쏟고 있다."고 하는 것과 같다. 사실상 우리의 행동과 생각을 들여다보면 실제로 긍정적 자아 이미지를 위해 평생을 바치고 있는 것을 알 수 있다.

스스로에게 이렇게 물어보자.

- 나는 어떤 대가를 치르더라도 완벽한 엄마, 직원, 가정주부가 되려고 노력하고 있는가?
- 나 자신의 기대에 미치지 못하면 죄책감을 느끼는가?
- 스스로를 다른 사람과 비교하는가?
- 다른 사람이 나에 대해 어떻게 생각할까 걱정하는가?
- 비판을 받는다는 생각만 해도 화가 나는가?
- 다른 사람의 인정을 받으려고 하는가?

우리는 죽을 때에야 비로소, 평생 동안 체면을 세우고 남에게 잘 보이려고 노력하면서 보냈다는 것을 깨닫게 될지도 모른다. 불교에서는 우리가 안정적이고 일관성 있고 지속적인 방식으로 존재하는 것이 아니라는 '무아無我'의 가르침을 전하는데, 이를 깊이 생각해보면 존재하지도 않는 '자아'를 위해 긍정적 자아 이미지를 추구하는 것은 부질없는 짓임을 알게 된다.

나는 누구인가?

만일 우리가 하는 생각을 대본으로 옮겨 쓴다면 배우 한 명의 독백이 될 것인가? 아니면 각자 뚜렷한 개성을 가진 몇 명의 배우가 등장하는 각본이 될까? 한 엄마의 생각이 전개되는 과정을 따라가보자.

앤에게 전화를 할 걸 그랬나…… 아마 개도 혼자 좀 외로울 거야…… 하지만 난 너무 할 일이 많아. ……시간을 낼 수가 없어……앤은 항상 좋은 친구였고, 내가 좀 더 관심을 줘야 하지만……사실은 수다를 떨고 싶지 않아. 피곤하기도 하고…… 회계사에게 전화할 일도 있고…….

마치 마음은 몇 사람의 인격이 있는 듯하다. 제안을 하는 목소리, 행동을 거부하는 목소리, 타인이 느끼는 감정을 배려하라고 말하는 목소리 등 이런저런 목소리가 서로 주도권 경쟁을 한다. 이렇게 경쟁하는 목소리 때문에, 우리는 혼란에 빠져 우유부단해지거나 가장 큰 목소리를 따라간다.

목소리마다 다른 인격이 있는 것 같은데, 어떤 목소리가 우리의 자아인가? 머릿속에서 떠드는 이야기에 귀를 기울여보면 일관된 이야기를 하는 목소리는 없는 것 같다. 그렇다면 자아를 하나의 변하지 않는 실체로 여기는 경향은 망상에 불과한 것이 아닐까?

자아를 찾아서

지속적이고 안정된 자아가 있다는 믿음이 정말 합리적인가? 우리의 자아를 어떻게 정의할 수 있는가? 자아는 정확히 무엇인가? 자아를 설명할 수 있는가? 자기 자신을 '나는 조급하고 염세적이지만 또한 다정하고 사교적이다.'라는 식으로 설명하는 것은 우리가 시간이 지나도 변하지 않는 성향이 있다는 것을 의미한다. 하지만 조급하다거나 다정하다고 하는 특성은 매일매일 달라진다. 어떤 특성도 변하지 않고 그대로인 것은 없다.

우리의 자아를 과거 경험의 결과라고 정의할 수 있을까? 그렇다면 이것은 우리를 신뢰할 수 없는 기억에 맡기는 것과 다름없다. 사람은, 어떤 기억은 억누르고 어떤 기억은 되살리며, 과거를 왜곡한다. 기억을 편집하고 미화하며, 없던 일을 편리하게 갖다 붙이기도 한다. 게다가 몇 년 후에는 같은 상황에서 완전히 다른 말과 행동을 할지도 모른다. 설령 기억력이 완벽하다 해도, 과거는 이미 지나간 일이다. 학교에서 따돌림을 당했더라도 평생 희생자로 살지 말지를 결정하는 것은 우리의 선택이다.

그러면 직업으로 우리의 자아를 정의할 수 있을까? 사람들은 처음 만나는 사람에게 "무슨 일을 하십니까?"라는 질문을 한다. 하지만 직업만으로 우리를 완전하게 정의할 수는 없다. 좋아하지 않는 일을 하고 있다면 말할 나위도 없다. 또한 '다정한 아내', '효심이 깊은 딸' 또는 '유능한 엄마'와 같은 역할로도 우리를 정의내릴 수 없다. 역할에 관련된 우리의 능력이나 욕망은 항상 변하기 마련이기 때문이다.

몸은 어떤가? 우리의 몸이 다른 사람이나 나머지 세상과 분리된 것처럼 보인다고 해서, 안정되고 일관된 자아로 존재한다고 볼 수 있을까? 계속해서 죽은 세포가 떨어져나가고 새로운 세포가 생기며 탄생에서 죽음에 이르는 우리 몸의 변화는, 육체에서는 영원히 변하지 않는 자아를 찾을 수 없음을 암시한다.

처음 명상을 시작한 사람은 호흡에 의식을 집중하려고 하다가 머릿속에서 서로 다른 목소리가 앞다투어 떠드는 것을 알게 된다. 이런저런 생각이 두서없이 지나간다. 마치 잠을 잘 때 꿈을 통제할 수도 기억할 수도 없는 것처럼 '자아'도 마음대로 통제할 수 없다.

어떤 방법으로 자아를 인식할 것인가? 타인에게 나에 대한 정의를 맡기고, 그 평가에 따라 일희일비할 것인가? 거울을 보고 외모가 마음에 들지 않으면, 쓸모없고 하찮은 존재라고 여길 것인가? 먹는 음식이나 일기에 쓰는 글이나 어제 행동한 방식이 나의 자아인가? 아니면 경력이나 앨범 사진의 이미지가 나의 자아인가? 그런 것은 내가 아니다. 그러면 우리의 자아는 어떻게 정의해야 할까?

흔들리지 않는 자아라고? No!

자아를 완전하게 정의하는 것은 불가능하다. 우리는 순차적으로 나열할 수 없는, 서로 모순이 되고 끊임없이 변화하는 이런저런 조각의 집합체이기 때문이다. 나의 자아라는 것은 찾을 수 없으며, 안정적인 자아는 존재하지 않는다. 자아는 일정한 형태로 존재하는 것이 아니라 끊임없이 변하는 상호작용의 집합체이므로, 명사나 형용사보다는 일련의 동사로 표현할 수 있을 뿐이다. 붓다가 보리수나무 아래 앉아서 깨달았듯, 자아에 대한 인식은 우리 스스로 만들어내는 것이다.

내가 믿었던 존재는 허상이었다! 나는 이름, 개인적인 역사, 기억, 생각, 감정, 꿈이 있지만 이 모든 것이 환상이다.

이 말은 우리는 스스로 알고 있는 것과 같은 존재가 아니며, 실제로 누구인지 알 수 없다는 의미인 듯하다. 우리의 존재는 우리가 생각하는 것과는 다르다.

자아를 증명해주는 확실한 증거가 없는데도, 우리는 끊임없이 '나', '나의', '나의 것'과 관련해서 세상을 바라보며, 실체가 없는 자아를 보호하는 방식으로 행동한다. 불교는 이러한 자아에 대한 추구가 우리를 불행하게 만든다고—자아를 떠나보내라고—가르친다. 하지만 우리는 자아 추구에 너무 익숙해져서 포기하지 못한다.

많은 불자가, 무아에 대해 이야기할 때 듣는 사람의 이해력을 염두에 두라고 말한다. 예를 들어 무아라는 말을, 우리가 존재하지 않거나 중요하지 않으므로 어떻게 되든 상관없다는 의미로 이해해서, 불교가 무관심과 은둔을 장려하는 것으로 잘못 해석할 수 있기 때문이다.

자아를 버려라!
'무아'라는 말을 들으면 우리의 일부가 짐짓 위협을 느낀다. 마치 '오늘의 나'가 되기 위해 기울여온 모든 노력이 물거품이 되는 듯한 느낌이 드는 것이다. 우리에게 자아가 있다는 생각은 너무 확고하고 익숙해서, 그 개념을 버리려면 사고의 혁명이 필요하다.

그러나 다른 한편으로는 우리 자신을 정의하고 인위적인 자아 이미지를 보호하고 방어하기 위해 고통스러운 노력을 하지 않아도 된다는 생각에 안도감이 들지도 모른다. 우리는 이제 자아 이미지에 매달리지 않아도 된다. 예를 들어, '나는 파티가 싫다.', '나는 사람들이 듣고 싶어 하는 말을 한다.', '나는 모험을 피한다.', '친지를 방문해야 한다.', '돈을 낭비하면 안 된다.' 등등 자신을 제약해왔던 모든 자아 이미지를 폐기시킬 수 있다. 지켜야 할 자아가 없다고 생각하면 우리 행동을 제한하는 모든 규칙이 무의미해진다. 거짓 자아 이미지 뒤에 숨겨진 우리의 진정한 본성, 불성을 깨닫고 모든 제약에서 자유로워지는 것이다.

처음에는 무아의 개념이 혼란스럽게 느껴질 수 있다. 만일 우리의 행동을 지배하는 자아가 없다면, 예의 바르고 책임 있게 행동할 필요가 있는가? 하지만 불교에서는 자아의 망상을 떨쳐버리면 진정한 본성, 즉 지혜와 측은심이 있는 불성이 드러난다고 말한다. 이 순간 내가 어떻게 반응해야 하는가?'가 아니라, '이 순간은 나에게 무엇을 요구하는가?'라는 물음으로 매 순간을 편견에서 자유로운 초심자의 마음으로 만나게 되는 것이다. 수잔 머피는 엄마의 경우 아이에게 최선을 다할 때 바로 그런 경험을 한다고 설명한다.

아이를 키우다보면 우리 자신부터 시작해 실제로 우리가 알고 있다고 생각하는 모든 것에 대해 의문을 갖게 된다. 아이는 우리가 매 순간이 요구하는 바를 하게 만드는 놀라운 재주가 있다. 지금 당장 아이의 요구를 들어주고, 현실과 어려움을 대면하고, 순간순간 마주하는 대상의 수수께끼를 해결하게끔 만든다. 그럴 때마다 우리는 애지중지하던 자아의 허물을 벗고, 신비하고 창의적인 속마음, 즉 우리가 명상을 통해 거듭 연마해야 할 근원에 접근하게 만든다.

우리가 다른 사람이나 '바깥세상'과 분리되고 단절되어있다는 믿음 역시 자아의 그릇된 개념에서 나온다. 자아에 집착하면 모든 것이 분리 되어있는 것처럼 보이고, 우리가 하나로 연결되어 서로 의존하는 존재 라는 사실을 깨닫지 못한다. 무엇보다 분리된 자아가 있다는 그릇된 인 식은 불교에서 말하는 '자비심'이 자리 잡는 것을 방해한다. 우리 자신 과 우리의 것에 초점을 맞추면 다른 사람이 필요로 하는 것을 볼 수 없 다. 단지 자신이 얼마나 매력적이고 중요한 사람인지, 얼마나 많은 사 람이 자신을 사랑해주는지 확인하고 싶어 할 뿐이다. 또한 다른 사람이 우리를 어떻게 생각하고 대하는지에 따라 그를 대하는 태도도 달라진 다. 하지만 이런 식의 자기중심적인 태도는 오히려 스스로를 불행하게 만들 뿐이다.

자아에 집착하면 다른 사람에게 온전하게 귀를 기울일 수 없다. 자의 식이 강하거나 자기도취에 빠지거나 지나치게 자존심을 내세우면, 다 른 사람과 의미 있고 유익한 대화를 할 수 없게 된다. 그리고 크게 어려 운 일이 아닌데도 도움을 주지 못한다. 친구에게 바쁜 일이 생겼을 때 그의 아이를 돌봐주는 것처럼 쉬운 일도 미처 생각하지 못하고, 성급하 게 자기 이야기로 화제를 돌린다. "나도 마찬가지야, 나는……."

문제는 우리가 '자아'를 끌고 다니는 것에 너무 익숙해져서 그것을 버리려면 시간과 노력이 필요하다는 것이다. 무아의 개념을 이해한다 고 해도 실천하는 것은 또 다른 문제다. 자아에 대한 의식이 우리를 파 괴한다는 사실을 이해한다고 해도, 그것을 실천할 수 있으려면 깊은 수 준의 깨달음에 도달해야 한다. 그리고 깨달음에 도달하는 것은 명상과 명상이 주는 마음챙김을 통해서 가능하다.

거울아, 거울아, 어쩌면 좋으니!

여성의 경우, 거울 속에 보이는 외모의 이미지를 빼놓을 수 없다. 우리 사회의 피상적인 소비문화는 겉모습을 보면 어떤 사람인지 알 수 있다고 감언이설로 꼬드긴다. 사춘기를 보내며 이러한 인식은 더욱 굳어져서 나이가 들어가고 있다는 사실은 고사하고 자신의 외모를 받아들이는 여성도 만나기 힘들다. 그런데 엄마가 되는 일보다 노화를 재촉하는 일이 또 어디 있을까. 임신 중이나 모유 수유를 하는 동안 체중이 불어나지 않았다면, 적어도 수면 부족으로 주름살이 깊어진다.

내 친구 레이첼은 종종 이메일로 자신의 신체 변화를 하소연한다.

나는 늙어가고 있어. 폭삭 늙지는 않았지만 서른다섯인데도 내 나이로 보이지 않아. 그리고 앞으로 점점 더 늙어갈 거야. 아이를 키우면서 밤잠을 설친 증거가 모두 얼굴과 몸에 남았어.

정말 괴로운 건 외모 때문에 많은 시간을 고민한다는 거야. 두 아이를 키우면서 쩔쩔매다 보니 얼굴은 항상 잔뜩 찌푸리고 있어.(얼굴을 찡그리면 주름살이 깊어지니까 피해야 하는데도!) 아이들의 사랑스러운 얼굴을 들여다보다가 백옥 같은 피부와 부드러운 머리칼을 부러워한단다.

한때는 긍지로 가득했건만 이젠 빠지지 않는 뱃살은 말할 것도 없고, 넓어진 모공, 숱이 줄어드는 머리, 눈가의 주름을 생각한단다. 글쎄, 어젯밤에 남편이 상담을 받아보라고 말하더군! 물론 정신 상담은 아니지.

나는 패션모델처럼 근사한 동생이 얄미워 죽겠어. 동생이 얼마 전에 결혼을 해서 내가 들러리를 섰거든. 근데 결혼식 사진을 보니까 내가 정신 나간 사람처럼 이상해 보이지 뭐니. 외모에 대한 걱정이 공연한 건 아니었던 거야. 나는 기겁을 해서 성형외과를 찾아갔고 열세 가지 제안을 받았어. 한 가지는 끝났어. 아무도 몰라보지만 내 눈에는 조금 나아진 것 같아.

누구나 늙는다

레이첼처럼 우리는 불가피한 신체 변화에 저항한다. 운동을 하거나 아이크림을 바르거나 성형수술을 받는 것이 잘못은 아니다. 다만 젊음과 외모에 집착해 악착같이 붙잡으려고 하면 문제가 생긴다. 집성제에 의하면, 집착은 고통의 원인이다. 우리는 집착이 고통스럽다는 것을 알면서도 여전히 포기하기를 거부한다. 또 여동생에게 질투를 느끼는 레이첼처럼 집착은 대인관계를 불편하게 만든다.

집착이나 욕망은 대부분 우리에게 자아가 있다는 망상에서 비롯된다. 레이첼은 자긍심을 살리기 위해 젊음과 미모를 갈망하지만, 외모에 집착하는 것은 행복으로 가는 길이 아니다. 그녀는 뱃살을 뺄 수 있다면 행복해질 것이라고 생각하지만, 마음속 깊은 곳에서는 그렇지 않다는 것을 알고 있을 것이다. 뱃살이 빠진다고 해도 안도감은 잠시 잠깐일 뿐 걱정은 다시 이중턱이나 허벅지로 옮겨갈 것이다.

노화에 대해 느끼는 불안감을 잘 살펴보면, 우리를 불행하게 만드는 것은 고통 그 자체보다는 고통에 저항하는 마음이다.

뱃살과 이마의 주름살은 사실 우리에게 아무런 해를 끼치지 않는다. 어떤 문화에서는 지위와 존경을 상징하기도 한다. 우리를 불행하게 만드는 것은, 노화를 거부하고 노화를 피하기 위해 에너지와 시간을 낭비하는 것이다. 노화가 고통스러운 것은, 늙어 보이고 싶지 않다며 눈가의 주름살을 없앨 수만 있다면 훨씬 더 행복해질 것이라고 착각하는 우리 자신이다. 이런 불가피함에 저항하며 방황하고 슬퍼하고 우울해할 것인가? 아니면 나이 먹는 것에서 좋은 면을 찾고, 여유롭게 살아갈 것인가? 실비아 부어스틴의 말처럼 "시련은 불가피하지만 고통은 선택이다."

그렇다고 해서 노화에 대한 거부감을 부정하거나 억제하는 것이 해결책은 아니다. 노화에 대한 부정적인 감정을 탐색해보고, 원인을 찾아야 한다. 노화에 대해 우리는 어떤 믿음을 갖고 있고, 그 믿음은 얼마나 합리적인가? 정말 외모 자체가 문제인가, 아니면 고독, 욕심, 열등감과 같이 더 깊은 문제가 있는가? 노화를 피할 수는 없으므로 받아들이는 쪽이 훨씬 편하다.

그리고 누구나 죽는다

노화에 저항하는 것은 죽음에 저항하는 것과 같다. 섬뜩하게 들릴지 모르지만, 두 가지 모두 누구나 겪어야 하는 일인데 부정한다고 해서 무슨 소용이 있겠는가? 노화와 죽음의 필연성을 인정하고 사는 것은 매우 중요하다. 그것이 무상의 개념을 끌어안는 한 가지 방법이다. 또

조앤처럼 엄마가 되는 경험을 통해 갑자기 삶의 무상함을 인식하는 여성도 있다.

산고를 치르면서 처음으로 언젠간 내가 죽을 것이라는 사실을 직시했고, 아이를 두고 떠나야 한다는 생각에 가슴이 아팠어. 새삼 나자신을 잘 돌봐야겠다고 느꼈지. 하지만 갓난아기의 나약함을 보자다시 겁이 났어. 축복을 받았다는 느낌은 공포를 더할 뿐이었지. 이아기도 언젠가 죽을 것이라는 생각이 들었거든. 나는 유한한 생명을가진 존재를 세상에 태어나게 한 거구나. 매우 잔인한 깨달음이었어.

우리는 죽음을 생각하면 거북해지기 때문에 생각하지 않으려고 한다. 하지만 죽음이 인생에서 불가피한 것이라면 좀 더 관심을 기울일필요가 있다. 만일 한쪽 다리를 사용할 수 없을지도 모른다고 생각하면두 다리가 있는 것에 감사하는 마음이 생길 것이다. 병으로 고생할 수있다고 생각하면 건강함에 대해 감사할 것이다. 마찬가지로 죽음에 대한 생각은 삶에 감사하는 법을 가르쳐준다. 죽음을 염두에 두면 살아있는 시간을 더 신중하게 사용하게 된다.

우리는 종종 죽음에 직면해본 사람이, 삶이 얼마나 소중한지 깨닫고새로운 삶을 살게 되었다는 이야기를 듣는다. 인생에서 무엇이 중요하고 헛된 것인지 깨달은 것이다. 그래서 이런 사람은 더 이상 삶을 당연한 것으로 여기지 않고, 시간을 생산적으로 사용하기로 결심한다.

죽음의 필연성을 상기하기 위해 어떤 불자는 아침에 눈을 뜨자마자'아! 밤새 죽지 않고 살았구나.'라는 생각을 한다. 어떤 불자는 '생로병

사'를 주문처럼 암송하거나, 노쇠함이나 죽음에 대해 명상한다. 그들은 자신의 몸이 땅에 묻히고 피부가 서서히 썩어가고 뼈가 부서지는 상상을 한다. 이런 수행을 통해 언젠가는 죽는다는 사실을 기억하는 것이다. 나는 여성잡지가 죽음이라는 문제에 좀 더 현실적으로 접근해 여성이 노화를 자연스럽게 받아들이도록 도와주기를 바란다.

자기 성찰

나는 십대 시절 곱슬머리와 여드름 때문에 고민이 많았다. 그때 엄마는 그만하면 충분히 예쁘다고 안심을 시키면서, 전철역이나 은행에서 줄을 서있거나 거리에 다니는 사람 중에 상업적인 의미에서 '예쁘다'고 할 수 있는 사람이 얼마나 되겠느냐고 말했다. 나도 어머니 말이 맞다는 것을 알았다. 늙어가는 것을 한탄한 레이첼에게 따지고 들면 그녀 역시 평범하게 생긴 사람도 꿈을 이룰 수 있으며, 젊음과 아름다움은 지속적인 평화와 행복으로 가는 길이 아니라는 사실을 인정할 것이다. 눈부신 미모를 자랑하는 유명인이 절망에 빠져 파괴적 행동을 일삼는 것을 기억할 것이다. 아름다움이 질투를 불러올 수 있으며, 겉모습을 보고 끌리는 것은 진실한 사랑이 아니라는 사실을 인정할 것이다.

사물의 본질을 꿰뚫어보는 능력, 즉 통찰력을 발휘하면 우리가 진실이라고 믿는 것과 평소에 하는 생각과 행동이 일치하지 않음을 알게 될 것이다. 이성적으로는 '아름다움이 행복을 가져다주지 않는다.'는 것을 분명히 인정하면서도 실제로 행동하는 것은 전혀 딴판이다. 우리가 평소에 하는 행동을 주의해서 살펴보면 그러한 불일치를 확인할 수 있다. 또한 자신이 어떤 믿음과 가정에 매달리고 있는지 알아볼 필요가 있다. 이런 것이 종종 문제를 일으키는 원인이기 때문이다.

예를 들어, 레이첼은 '아름다움이 나에게 평화를 가져다줄 것이다', '돈을 충분히 들이면 노화를 피할 수 있다', '관리만 잘하면 젊음을 유지할 수 있다'라는 잘못된 생각을 갖고 있다. 또한 '사람들에게 인정받으려면 외모가 중요하다', '남편에게 매력적으로 보여야 한다', '값비싼 미용 관리를 받으면 효과가 있을 것이다'라는 가정을 하고 있을 것이다.

다이어트를 예로 들어보자. 다이어트는 우리가 근본적인 문제를 무시하고 행동한다는 것을 알 수 있는 대표적인 예다. 다이어트로는 살을 빼기 어려울 뿐 아니라 스스로에 대한 믿음을 반감시킨다. 그런데도 날씬한 몸매에만 집착해 훨씬 근본적인 문제에 대해서는 주의를 기울이지 않는다. 무조건 다이어트부터 하기 전에 다음과 같은 문제를 생각해보자.

- 나는 왜 열등감을 느끼는가?
- 단지 날씬해진다고 해서 우울한 기분이 영원히 사라질 것인가? 외모에 근거해서 나를 받아들이는 것이 과연 합리적인가?
- 어떤 생각 때문에 과식을 하게 되는가?
- 내 몸이 불편하게 느껴지는 이유는 무엇인가? 음식으로 그러한 문제를 해결할 수 있을 것인가?

만일 레이첼이 자신이 어떤 가정과 기대를 하고 있는지 마음속으로 탐색해본다면, 사실 문제는 좀 더 근본적인 데 있음을 알 수 있을 것이다.

불교에서는 대체로 이성으로는 깨달음에 도달할 수 없다고 주장한다. 우리의 사고는, 산만하고 불안정해 스스로 혼란에 빠지기 쉬우므로, 최선의 도구가 될 수 없다. 깨달음으로 가는 가장 효과적인 방법은, 명상을 하며 이성적 사고를 초월하는 명경지심을 사용해서, 우리가 하는 생각을 꿰뚫어보는 것이다. 우리가 어떤 망상에 빠져있는지 분명히 알면, 착각과 나쁜 습관을 버릴 수 있다. 만일 망상이 다시 고개를 든다면, 어떤 생각이 잘못된 것인지 분명하게 구분하지 못하기 때문이다.

특히 처음 명상을 하는 사람은 생각에 주목하기가 매우 어려울 것이다. 이리저리 뛰어다니는 '원숭이 마음' 때문에 마치 통제할 수 없는 혼돈 속에 살고 있는 것처럼 느껴질 것이다. 꾸준히 명상을 하면 집중력이 생길 것이고, 마음이 맑아지고 평온해지면서 세상을 보는 눈이 달라지는 것을 느낄 수 있을 것이다.

완벽한 엄마가 될 필요는 없다

● 지속적인 행복은 오로지 내면으로부터 온다.

● 행복을 뒤로 미루지 말고 현재의 순간을 즐긴다.

● 아무것도 하지 않고, 단순하게 '존재'하는 시간을 갖는다.

● 자아 이미지를 관리하는 것만으로는 행복해지지 않는다는 것을 깨닫는다.

● 특별한 자아 이미지에 갇히지 않는다. 자아에 대한 인식은 허구다.

● 명상으로 무아의 가르침에 대한 진정한 이해에 도달할 수 있다.
이성적인 이해보다 통찰 또는 깊은 깨달음이 중요하다.

● 노화 자체는 문제가 아니다. 노화에 대한 저항이 고통의 원인임을 깨닫는다.

● 노화와 죽음은 불가피하므로, 떠나보내고 받아들이는 연습을 한다.

09

명상

명상이 건강에 긍정적 효과를 준다는 사실은 많은 의학 연구에서 밝혀지고 있다. 하버드 의대의 허버트 벤슨 교수는 환자가 명상을 하면서 병원을 찾는 회수가 3분의 1 이상 줄었다고 보고했다. 그는 우리 몸이 아주 평정한 상태에 있을 때 스스로를 치유한다고 주장한다. 명상을 하는 엄마는 '명상을 하면 마음이 편해지고, 화가 덜 나고, 침착해지고, 좀 더 행복해지고, 덜 혼란스럽고, 짜증이 덜 난다.'고 한다.

엄마들은 눈코 뜰 새 없이 바쁘기 때문에 시간을 내서 명상을 하려면 그만큼 확실한 혜택이 있어야 할 것이다. 제2장에서 살펴본 것처럼 마음챙김 명상은 일상생활에 필요한 기를 제공하고, 부정적 감정을 물리치는 평정한 마음이 되도록 하고, 영적으로 배우고 성장할 수 있도록 해준다. 그리고 우리는 마음챙김으로 주어진 상황을 좀 더 분명하게 파악하고, 적절한 반응을 보여주는 자상한 부모가 될 수 있다. 또한 현재에 충실한 삶을 살면서 더욱 많은 기쁨을 발견할 수 있다.

붓다가 말했듯이, 모든 것은 마음먹기에 달려있다. 건강하고 긍정적이고 친절한 마음이 되면 더 많은 행복을 느낄 수 있고 아이에게도 더 많은 도움을 줄 수 있다. 불교는 명상이 마음을 바꾸는 가장 훌륭한 도구라고 가르친다. 명상을 하면 더욱 긍정적인 마음 상태에 익숙해지고, 그 안에서 명료하고 평온하고 친절한 자기 자신을 만나고 경험할 수 있다. 또 명상에서 경험한 좀 더 높은 차원의 존재 방식을 점차 일상생활로 옮겨갈 수 있다.

명상이 건강에 긍정적 효과를 준다는 사실은 많은 의학 연구에서 밝혀지고 있다. 거의 30년 동안 명상의 효과를 관찰해온 하버드 의대의 허버트 벤슨 교수는 환자가 명상을 하면서 병원을 찾는 회수가 3분의 1 이상 줄었다고 보고했다. 그는 우리 몸이 아주 평정한 상태에 있을 때 스스로를 치유한다고 주장한다. 스트레스는 신체 균형을 깨뜨려서 질병과 감염에 대한 면역력을 감소시키는 반면, 깊은 휴식은 몸이 균형을 유지해 스스로 치유하도록 한다.

벤슨 박사만 이렇게 주장하는 것이 아니다. 다른 의학 연구자들도 명상을 하면서 얻게 되는 평정이 일상에서 받는 스트레스의 수준을 완화시키고, 혈압을 50퍼센트까지 낮추며, 심폐기능을 개선한다고 보고한다. 또한 명상을 하면 훨씬 깊은 잠을 자고, 전반적으로 기분이 좋아지는 것이 입증되었다. 미국건강보험협회의 조사 결과, 의사 열 명 중에 아홉은 의사와 환자 모두를 위해 수련의 과정에 명상을 포함시켜야 한다고 생각했다. 만일 명상이 알약으로 나온다면 얼마를 주고라도 사겠다는 말은 이미 속설처럼 되었다.

엄마가 명상을 하면 가정에 큰 도움이 된다는 것은 분명하다. 명상을 하는 엄마는 '명상을 하면 마음이 편해지고, 화가 덜 나고, 침착해지고, 좀 더 행복해지고, 덜 혼란스럽고, 짜증이 덜 난다.'고 한다. 한 엄마는 이렇게 이야기했다.

나는 분노와 불안감, 부정적 생각을 다스리기 위해 명상을 합니다. 명상은 부정적인 생각을 몰아내줄 뿐 아니라, 마음을 긍정적 생각과 연결해서 기쁘고 행복하며 완전히 새로운 눈으로 세상을 보게 해주죠.

긴 금발머리에 항상 활기가 넘치는 치타프라바는 지금 손자가 다섯이나 되지만 나보다 훨씬 젊어 보인다. 그녀는 명상의 장점에 대해 흥미로운 지적을 한다.

일에 쫓겨 허둥지둥하면 현재에 존재하는 본질적 경험을 온전하게 하지 못할 뿐 아니라, 주변의 아름다움과 고통에 반응할 수 없습니다. 명상을 하면 마음의 여유가 생겨 세상과의 관계를 좀 더 깊이 인식하고 친밀감을 갖게 되며 자신감이 생깁니다. 시야가 넓어지고, 사람들을 경쟁심이 아닌 사랑으로 만나게 됩니다. 나는 가끔 아이들과 함께 자연을 감상하고 동물들을 보살피면서 여유를 만끽하는 시간을 갖곤 합니다.

또한 명상과 자각을 통해 나 자신의 욕구와 환경 너머에 있는 넓은 세상에 대해 배우고, 삶의 상호 관련성을 더욱 깊이 인식하려고 노력합니다. 그리고 내가 하는 행동의 결과를 이해하게 되면서 도덕관념도 높아집니다.

이러한 혜택을 누릴 수 있는 명상은 삶에서 가장 위대한 발견이 될 수 있다. 물론 새로운 기술을 배울 때 그렇듯 처음에는 노력이 필요하다. 효과가 의심스럽고, 그 시간에 좀 더 생산적인 일을 하고 싶은 유혹을 받기도 한다. 하지만 우리는 명상으로 정서적, 신체적, 정신적, 심리적인 삶의 모든 측면을 개선할 수 있다. 또 생각보다 빨리 익숙해지기 때문에 일단 시작하는 게 중요하다.

불교에는 여러 가지 명상 기법이 있으므로 각자 자신의 특별한 상황과 성향에 맞는 방법을 선택할 수 있다. 이 장에서는 가장 대중적인 호흡명상과 자비명상에 대해 알아보겠다.

명상을 위한 준비

불교 스승들은 종종 명상을 하기 위한 특별한 장소를 마련할 것을 권한다. 어떤 수행자는 명상하는 장소에 의미가 있는 상징물, 즉 붓다의 그림과 조각, 향, 양초, 스승이나 다른 훌륭한 불자의 사진, 경전 구절 등으로 장식을 한다. 각자 원하는 방식으로 꾸며 성스러운 분위기가 들게 만든다면 명상을 하고 싶은 마음이 더욱 자주 들 것이다. 하지만 이는 각자의 선택에 달려있는 문제로, 나는 남편이 집에 그런 공간을 만드는 것을 좋아하지 않기 때문에 그냥 두었다. '무아지경으로 앉아있는 것'을 좋아하는 아내가 있는 것만으로 충분할 텐데 굳이 제단까지 만들어서 남편을 불편하게 하고 싶지는 않았다.

전통적으로 명상을 할 때는 바닥에 가부좌를 틀고 앉지만, 의자에 앉아서 해도 상관없다. 중요한 것은 자세를 똑바로 하는 것이다. 몸을 앞으로 숙이거나 뒤로 기대면 금방 불편해지거나 졸음이 온다. 정식으로 할 시간이 없으면 누워있는 시간을 이용할 수도 있지만 집중하기가 어렵다. 하지만 익숙해지면 언젠가는 누워서도 명상을 할 수 있을 것이다. 누워서 이런저런 쓸데없는 걱정으로 시간을 보내는 것보다야 명상을 하는 게 나을 것이다. 또한 다른 때처럼 마음챙김을 수행할 수 있다. 어떤 자세라도 눈을 가늘게 뜨고 명상을 하면, 졸음을 몰아내기가 수월하다.

가능하다면 아침에 눈떴을 때가 명상을 하기에 좋은 시간이다. 그때가 우리 마음이 비교적 한산한 시간이기 때문이다. 하지만 명상을 위한 최적의 시간은 사람마다 다 다르다. 어떤 사람은 잠자리에 들기 전에 명상을 하면 밤새 숙면을 취할 수 있다고 한다. 명상을 하기 전에는 조용한 활동을 하면 도움이 된다. 요가를 하거나, 영적인 글을 읽거나, 다리미질을 하거나, 빨래를 개는 등 속도를 늦추고 마음을 차분히 가라앉힐 수 있는 활동이라면 무엇이든지 좋다.

호흡명상

명상의 종류는 여러 가지가 있지만 처음 시작하는 사람이 가장 먼저 배우는 명상이 있다. 보통 '호흡명상'이라 부르는 것으로, 편안하게 눈을 감고 앉아서 들숨과 날숨을 의식하는 것이다. 호흡을 생각하거나 특별한 방식으로 호흡을 조절할 필요는 없다. 또한 아주 골똘하게 집중을 해야 하는 것도 아니다. 편안하게 쉬면서 호흡을 지켜보면 결국 호흡과 하나가 된다. 잡념이 생기면 참을성을 갖고 의식을 다시 호흡으로 가져오면 된다.

명상을 처음 시작하는 사람은 주의를 집중하기 어렵기 때문에 어떤 식으로든 보완해줄 방법이 필요한데, 많은 사람이 호흡에 주의를 집중하면서 천천히 첫 단계로 들어가는 것이 도움이 된다고 말한다. 나의 명상 스승은 처음에 몸의 긴장을 푸는 것으로 시작해 점차적으로 호흡 명상에 들어간다. 그녀는 천천히 지시를 한다.

눈을 감고 모든 소리에 귀를 기울입니다…… 의식을 이 방과 이 방 안에 있는 사람들로 가져오고…… 이제 나 자신의 몸을 생각합니다. 내 몸의 형태와 내 몸이 마룻바닥에 닿아있는 부분을 생각합니다 …… 천천히 위에서부터 몸의 긴장을 풀어줍니다…… 머리끝에서 시작해서…… 이제 얼굴 근육의 긴장을 풀고 버터가 녹아내리는 것 처럼 부드럽게 느낍니다…… 목으로 내려가서…….

머리부터 몸 전체를 따라 내려가면서 모두 긴장을 풀어준 후에는 호흡의 들숨과 날숨을 지켜보기 시작한다.

호흡을 세는 것도 집중에 도움이 될 수 있다. 다음은 '서구 불교종의 친구들'이라는 불교 종파의 입문 과정에서 가르치는 4단계 명상법이다. 집중이 잘되고 머리가 맑은 날에는 4단계를 거치지 않고도 호흡에 집중할 수 있다. 또한 잡념이 생기면 언제라도 처음부터 시작할 수 있다. 초심자에게는 보통 각 단계를 약 5분씩 하라고 권하지만 시간에 구애받을 필요는 없다. 처음에는 오래하기 힘들어도 거듭할수록 점차 시간이 늘어날 것이다.

1단계: 호흡에 처음 의식을 가져갈 때, 날숨에서 숫자를 센다. 하나에서 열까지 몇 번이고 반복한다. 숫자를 세는 것은 집중에 도움이 되지만, 숫자가 아닌 호흡에 집중해야 한다.

2단계: 계속 숫자를 세는데, 이번에는 들숨에서 센다. 첫 번째 단계와 크게 차이는 없지만 좀 더 깊이 집중할 수 있다.

3단계: 집중을 위한 숫자 세기를 그만두고, 전체 호흡 과정과 호흡하면서 느끼는 것에 초점을 맞추기 시작한다. 호흡과 호흡 사이의 정지 상태, 배의 오르내림이나 숨소리를 인식한다.

4단계: 호흡의 한 가지 측면에 주의를 집중한다. 콧구멍 주변이나 코끝처럼 공기가 우리 몸을 떠나고 들어오는 지점을 지각한다. 예를 들어, 내쉬는 숨보다 들이쉬는 숨이 더 시원하다는 것을 느낄 수 있다.

다시 전체 호흡에 집중하고, 그다음에는 몸의 감각을 인식하는 것으로 네 번째 단계를 마무리한다. 점차 눈을 감았다 떴다 하면서 명상한다. 그러면서 마음챙김을 수행하고, 고요함을 즐긴다. 단지 어떤 일이 일어나는지 지켜보면서 그냥 있는다.

일상으로 돌아가면 명상을 하는 동안 달성했던 마음챙김과 고요함을 최대한 오래 유지하도록 노력한다. 하루 종일 현재 순간에 의식을 유지하면서 눈앞에 보이는 것이나 우리 내면에 주의를 기울인다. 생각이 과거와 미래로 달려갈 때마다 참을성과 부단함과 부드러움으로 다시 데려온다.

처음 이 호흡명상을 배울 때, 스승은 호흡을 세는 것을 잊어버릴 수 있다고 경고했다. 나는 17까지 세고 나서 '언제 내가 17까지 세었지?'라고 생각했다. 다음 주에는 45에서 정신이 들었다. 숫자를 세면서 졸왔던 것이 분명하다.

문제는 우리 마음이 늘 배회한다는 것이다. 하지만 이것은 정상이므로 실망하거나 자책할 필요가 없다. 참을성, 부단함, 부드러움이 필요하다. 만일 집중하기 위해 긴장하거나 인상을 찡그린다면 너무 열심히하고 있는 것이다. 목표는 힘들이지 않고 호흡을 지켜보는 것이다. 팔정도에 비유하자면, 올바른 노력이 필요하다. 여기서 올바른 노력이란 잔뜩 긴장하는 것과 조는 것, 애쓰는 것과 게으름을 피우는 것의 중간 수준을 의미한다.

명상 중의 깨달음

4단계 명상에서 잡념이 생기면 다시 호흡에 주의를 돌린다. 하지만 생각이 흘러가도록 내버려두고 의식적으로 관찰하면 더 큰 효과를 얻을 수 있다. 이것은 특히 집중이 잘 안 되는 초심자에게는 훨씬 더 어렵다. 생각에 휘말리지 않고 의식적으로 지켜보는 능력은, 집중력이 어느 정도 향상된 후에나 기대할 수 있다. 물론 생각을 관찰하는 능력이 생기면 삶을 변화시키는 깨달음을 얻고, 자기 패배적인 믿음과 행동에서 벗어날 수 있다.

생각을 지켜보든지 아니면 제어하든지, 명상의 목표는 마음을 정화해서 깨달음이 일어날 수 있는 조건을 마련하는 것이다. 멋진 비유를 잘하는 명상 스승인 헬렌 잔다밋은 명상이 어떻게 깨달음으로 가는 길을 닦아주는지 설명한다.

"호흡에 집중하다보면 점차 하얀 도화지처럼 됩니다. 흰 도화지 위에 먼지 한 점이 놓이면 지저분한 곳에 놓인 것보다 훨씬 잘 보이는 법이죠."

집중력이 깊어지면 세속의 먼지와 그 모든 속성이 점점 더 분명하게 보일 것이다. 그리고 그 실체를 꿰뚫어볼 때, 우리는 굴레에서 벗어날 것이다. 깨달음은 삶에서 실제로 어떤 일이 일어나고 있는지 이해하고 습관적인 반응과 행동을 인식한 후 바꿀 수 있게 해준다.

깨달음은 또한 붓다의 가르침을 단지 머리로만이 아니라 훨씬 더 강력한 변화의 동인이 되는 체험을 통해 이해하는 기회를 준다. 『인류를 위한 안내서 *Handbook for Mankind*』에서 붓다다사 스님은 깨달음이 우리에게 주는 가르침을 열거하고 있다.

'사물의 본성을 통찰한다.'는 말은 무상, 고통, 무아를 이해하는 것을 의미한다. 아무것도 구할 가치가 없고, 아무것도 존재할 가치가 없다는 것을 깨닫는 것이다. 어떤 대상도 자아나 자아에 속한 것으로, 혹은 좋거나 나쁜 것으로 판단하고, 호감이나 혐오를 느끼거나 붙잡거나 매달릴 가치가 없다.

통찰명상(위빠사나 명상)

통찰명상은 호흡명상보다 통찰력을 얻는 데 좀 더 도움이 되지만 집중력을 유지하기가 어렵다. 호흡명상법처럼 호흡에 초점을 맞추는 것으로 시작한다. 그리고 숨을 들이쉴 때마다 '들이쉰다', 내쉴 때마다 '내쉰다'라고 마음속으로 서술한다. 어떤 감각이나 생각이 일어나면 저항하지 말고 단지 주목하면서 마음속으로 천천히 서술한다. '느낀다, 느낀다, 느낀다.' 또는 '생각한다, 생각한다, 생각한다.' 어떤 생각이나 느낌이 일어나면 그대로 지켜보면서 저절로 사라지도록 내버려둔다. 그리고 다시 호흡을 서술하는 것으로 돌아간다.

호흡에 정신 집중이 되지 않으면 그 상황을 마음속으로 서술한다. 예를 들어, 통증을 느끼는 곳이 있으면 그 느낌이 사라질 때까지 서술한다. '아프다, 아프다, 아프다.' 만일 누구와 말다툼을 했던 일이 기억나면 다시 호흡으로 의식이 돌아갈 때까지 서술한다. '기억한다, 기억한다, 기억한다.' 만일 어떤 소리가 들리면 '들린다, 들린다, 들린다'라고 마음속으로 서술한다. 그리고 저녁에 무슨 요리를 할 것인지 생각하기 시작하면 '계획한다, 계획한다, 계획한다'라고 서술한다.

이런 식으로 서술할 수 있는 생각에는 원망한다, 긴장을 푼다, 저항한다, 미소 짓는다, 소원한다, 그리워한다 등이 있을 것이다. 만일 적절한 표현이 찾기 힘들다면 '생각한다', '느낀다'와 같은 일반적인 범주로 서술한다. 현재진행형으로 표현하는 이유는 어떤 과정과 모든 마음 상태가 결국은 또 다른 과정으로 변한다는 암시를 주기 위해서이다.

만일 통증이나 가려움이나 어떤 불편한 감각을 느끼면 그 감각이 사라질 때까지 감각과 그에 대한 우리의 반응을 인식한다. 그 감각이 금방 사라지지 않으면 가려운 곳을 긁거나 자세를 고칠 수 있지만, 신체 감각에 자동적으로 반응하려는 유혹은 뿌리치도록 노력한다. 명상에서 불편한 감각은 긍정적인 것으로 본다. 왜냐하면 현재 순간을 인식하도록 만들기 때문이다. 불편함은 고통과 함께 현재에 존재하는 훈련을 하도록 만들어주고, 달아나기보다 직시하는 기회를 준다.

통찰명상의 장점은 일어나는 모든 것이 명상의 일부가 되므로 잡념, 소리, 감각 등이 덜 성가시게 느껴진다. 또 생각을 서술할 수 있게 되면 자제력이 증가한다. 어떤 생각에 따라가거나 휘말릴 가능성이 적어지며, 점차 모든 것을 좋거나 나쁜 것으로 판단하지 않는 법을 배우게 된다. 삶에서 주어진 것에 대한 참을성을 키우는 유익한 기술인 셈이다.

명상을 방해하는 것들

명상은 즐겁고 편안하고 경이롭고 행복한 행위이지만 때로는 그렇지 못할 수도 있다. 순조롭게 진행되지 않기 때문이다. 처음엔 계속 잡념이 생기는 것 때문에 짜증이 나고, 명상의 가치에 대해 의심하게 된다. 또는 '명상을 할 기분'이 나지 않을 수도 있다. 예를 들어, 4단계 명상으로 호흡에 집중하려고 하는데 뭔가가 자꾸 방해를 할 수 있다.

'하나, 둘, 발이 가렵다…… 긁어야 하나? 발에 난 상처가 완전히 낫지 않은 것 같은데? 그만 생각하자! ……셋, 넷, 다섯…… 이런, 편지 보내는 것을 깜빡했네. 어떻게 해야 하나…… 여섯, 일곱, 지금 이러고 있을 때가 아닌 것 같아…… 어제는 정말 명상이 힘들었어…… 그만 생각하자! 젠장, 아무래도 안 되겠어…….'

명상을 꾸준히 하면 집중력이 개선되고 잡념이 줄어들면서 점점 자신감이 생긴다. 그러다보면 마음챙김이 우리 삶을 풍요롭게 한다는 것을 알고, 가끔 명상이 잘 안 되는 날이 있어도 꾸준히 계속할 수 있게 된다. 결국 명상이 샤워를 하거나 이를 닦는 것처럼 당연한 일이 되고, 하루라도 하지 않으면 허전해진다.

태국의 작가 구나라타나는 『행복으로 가는 8단계, 붓다의 길*Eight Mindful Steps to Happiness, Walking The Buddha's Path*』에서 서양인은 명상을 시작하면 지나치게 열심히 하는 경향이 있다고 말한다.

"서양인은 욕심을 부리고, 서두르며, 목표 지향적이고, 불안정하다. 마음을 제압하고, 억지로 통제하려고 한다. 또한 종종 자기 비판적이고, 가혹해진다."

그는 명상이 마음을 '통제'하는 것이 아니라 '지켜보는' 것이라고 지적한다.

붓다는 제자들이 명상과 씨름하는 것을 알고, 명상을 방해할 수 있는 다섯 가지를 경고했다.

1. 잡념
2. 분노나 우울함과 같은 부정적인 감정
3. 졸음
4. 초조함
5. 의심

나도 처음 명상을 시작할 때 자꾸 잡념이 일어나 공상에 빠졌고, 그렇게 아무것도 안 하고 앉아있는 것이 시간 낭비처럼 느껴졌다. 하지만 두 달에 걸쳐 꾸준히 하자 점점 잡념이 줄어들면서 고요함 속에서 몸과 마음이 재충전된다는 것을 알았다.

자비심 키우기

자비심은 살아있는 모든 존재를 소중하게 생각하는 것이다. 소중함은 어떤 대상이 아니라 우리 마음속에 있다는 것을 기억하면 도움이 된다. 예를 들어, 다이아몬드와 물 한 잔이 있다고 생각해보자. 어느 것이 더 소중한가? 보석상에겐 다이아몬드가 더 소중하지만, 사막에서 길을 잃은 사람에겐 물 한 잔이 더 소중하다. 소중함은 주관적이니, 곧 어떤 대상의 특성이 아니라 우리 마음의 특성이다. 사람을 사랑하기 위해서는 우리 스스로 사랑하는 마음을 지니는 것이 필요하다. 타인에게 느끼는 사랑은 그의 개인적인 특성이나 행동보다 우리의 마음에 달려있다.

'나쁜' 사람도 사랑할 수 있다. 그들을 영적 스승으로 생각하고 감사할 수 있다. 만일 세상이 좋은 사람으로 가득 차 있다면 우리에겐 더 현명해질 기회가 없을 것이다. 우리를 힘들게 하는 사람은 지혜와 자비심을 훈련할 기회를 제공한다.

자비명상은 자신과 다른 사람의 안녕을 기원하면서 자비심을 키우는 방법이다. 축복하는 것은, 우리 마음을 모든 존재를 사랑할 수 있는 마음으로 변화시키는 방법이다. 그래서 마침내 다른 사람을 진심으로 걱정하고 잘되기를 바랄 수 있게 된다.

우선 자신에 대해 자비심을 갖는 것에서 시작하자. 그러고 나서 사랑하는 사람을 위해, 그다음에는 잘 모르는 사람과 미워하는 사람을 위해서도 자비심을 갖자. 그리고 가까이에 있는 사람에서 시작해 점차 전 세계로 범위를 넓혀서 살아있는 모든 존재에게 축복을 보내는 것으로 완성한다. 모두가 고통과 불행에서 벗어나 행복해지기를 원하는 소망으로 연결되어있음을 기억하자.

마음챙김 명상이 이런저런 생각을 지켜보면서 호흡으로 의식이 돌아오도록 하는 것이라면, 자비명상에는 적극적이고 창조적인 생각이 요구된다. 예를 들어, 미워하는 사람에게 축복을 보내기 위해서는 그가 겪는 고통과 불만을 이해해야만 측은심을 느낄 수 있다. 어떤 사람을 사랑할 수 있으려면 그가 겪는 시련과 실패 등을 이해해야 한다.

자비명상

눈을 감고 긴장을 풀며 의식을 집중할 준비를 한다. 호흡에 의식을 집중해서 잡념을 잠재우는 것으로 시작한다.

1단계: 스스로에 대한 자비심을 갖는다. 자신에 대해 사랑하는 마음이 있으면 다른 사람을 사랑하기가 좀 더 쉬워진다. 이를테면 최근에 했던 친절한 행동에 초점을 맞추고 우리 안에 있는 선한 마음을 생각하는 것도 좋다. 불자는 다양한 생각과 이미지를 사용해서 자비심을 키운다. 종종 붓다나 광선의 이미지를 사용하기도 한다. 가장 많이 사용하는 기법은 다음과 같은 구절을 생각하는 것이다.

내가 잘되기를 바란다.

내가 고통에서 자유롭기를 바란다.

내가 탐욕과 증오와 망상에서 자유롭기를 바란다.

내가 아름답게 살기를 바란다.

내가 안전하기를 바란다.

내가 행복하기를 바란다.

내가 현명하고 인정이 많기를 바란다.

2단계: 우리 자신에게 자비심이 생겼으면 다음에는 사랑하는 누군가에게 축복을 보낸다. 아이, 가족, 친한 친구를 그려보고 그들의 행복을 기원한다.

그들이 사랑 받기를 바란다.

그들이 행복하기를 바란다.

3단계: 이번에는 긍정적, 혹은 부정적 감정과 무관한 사람을 생각한다. 예를 들어, 동네 가게 점원이나 옆집 아줌마를 생각하면서 이전 단계에서 사랑하는 사람에게 느꼈던 좋은 감정을 끌어내 그들에게 축복을 보낸다. 아무 연고가 없는 사람에게 축복을 보내는 것은 어떤 이해관계도 따지지 않고 사람을 사랑하는 방법이다.

4단계: 종종 '적'이라고 부르는, 서로 원만하게 지내기 힘든 사람을 선택한다. 미운 사람에게 어떻게 측은심을 가질 수 있을까? 우선 그 사람의 긍정적인 특성을 생각할 수 있다. 그가 아기였을 때, 부모의 사랑을 받고 자라는 모습을 그려본다. 그가 겪는 곤경, 불안, 실망감을 상상한다. 그 사람의 잘못된 행동은 고통이나 곤경에서 비롯되었을 수 있다는 것을 인식한다. 아이가 떼를 쓰고 이기적으로 행동할 때, 우리가 엄마로서 어떻게 반응하는지 생각해본다. 아이가 말썽을 부린다고 아이에 대한 사랑이 줄어드는 것은 아니다. 단, 명상 스승은 일반적으로 좀 더 숙달이 될 때까지 우리에게 깊은 상처를 준 사람을 선택하는 것은 피하라고 조언한다. 이 시점에서는 아직 배회하는 마음을 붙잡기 어렵지만, 늘 그렇듯 잡념이 생긴 것을 인식하면 참을성을 갖고 다시 의식을 가져온다.

5단계: 마지막으로 국가와 세계 그리고 모든 생명체로 범위를 확대해서 축복을 보낸다. 살아있는 모든 존재가 고통과 불행에서 벗어나 행복해지기를 진심으로 기원한다.

이기심을 버리면 단절감을 극복하고, 타인을 호의적으로 바라보게 된다. 물론, 누군가를 미워하는 마음이 자비심으로 변하려면 오랜 시간이 걸릴 수 있다. 하지만 자비명상으로 좀 더 관대한 사람이 되는 시간을 단축할 수 있다. 명상 중 누군가에게 도움을 줄 수 있는 방법이 떠오를 수도 있다. 좋은 일이나 힘든 일이 있는 사람에게 전화를 하거나 카드를 보내야겠다는 생각이 들지도 모른다. 그럴 땐 어떤 방법을 실천에 옮길 것인지 생각하는 것으로 명상을 마무리한다.

절, 존경과 감사의 표현

자비명상을 하면서 축복을 보내는 사람에게 절하는 모습을 그려보면 도움이 된다. 왠지 어색하게 느껴진다면 우리가 절과 관련해 부정적인 면을 연상하기 때문이다. 여기서 이야기하는 절은 폭군이나 두려운 신이나 어떤 신비한 힘에 굴복하는 것이 아니다.

불자는 상대방에 대한 존경과 감사의 표현으로 절을 한다. 상대방의 존엄성과 인간성, 소중함을 인정하는 것이다. 비판이나 우월감이나 연민이 아닌, 겸손한 마음으로 소중한 존재를 향해 존경심을 보여주는 것이다. 또한 그것이 좋거나 나쁘거나 사람들이 가르쳐주는 모든 것에 대한 감사 표시로도 볼 수 있다. 그들로 인해 우리가 더 현명해지고 사랑을 실천할 기회가 주어지는 것에 감사하는 것이다.

나는 자비명상을 할 때, 붓다가 손을 내 머리 위에 얹고 커다란 자비심의 흐름을 전달해주는 장면을 상상한다. 그다음에는 내가 다른 사람의 머리 위에 손을 얹고 자비심을 전달하는 상상을 한다.

생활 속에서 하는 자비명상

자비명상의 목적은 우리 자신, 사랑하는 사람, 미워하는 사람, 아무 연고가 없는 사람을 포함해 모든 존재를 사랑하는 능력을 키우는 것이다. 이것은 매우 어려운 일이므로 가능하면 자주 자비명상을 해야 한다. 엄마들은 좀처럼 시간을 내기가 어렵지만, 자비명상은 일상생활 속에서 쉽게 할 수 있다. 정식으로 하려면 앉아서 해야 하지만 평소에 사람을 만나거나 시장이나 거리를 걸으면서도 할 수 있다. 눈에 띄는 사람 모두에게 자비심을 보내는 것이다. 처음에는 쉽지 않지만 오래지 않아 자연스럽게 느껴지고, 어떤 생각에 몰두해서 정신없이 걸어가지 않게 된다. 자비심이 있으면 긍정적이고 활기찬 하루를 보낼 수 있다.

나는 사람을 만나기 전이나 만나고 있는 동안 자비명상을 하며 다음과 같은 점에서 도움을 받았다.

- 상대방이 이야기할 때 주의 깊게 귀를 기울이고 끼어들지 않게 된다.
- 좀 더 친절하게 말한다.
- 사람들을 도울 수 있는 방법이 떠오른다.
- 듣는 사람에게 도움이 되지 않는 이야기를 떠들지 않는다.
- 자의식과 자기도취에 빠지지 않는다.

사람들에게 자비심이 생기면 직장 생활이나 사회생활에 도움이 된다. 타인이 느끼는 감정을 이해하고 도움을 준다면 언제 어디서나 필요한 사람이 될 수 있다.

명상을 위한 시간

엄마는 명상을 하는 것보다 명상을 위해 따로 시간을 내는 것이 더 힘들 것이다. 하지만 명상이 주는 혜택을 생각하면 분명 하루 일과에서 생략할 수 있는 것이 있다. 우선 TV 시청 시간을 줄일 수 있다. 사람들은 보통 매일 두세 시간씩 TV를 시청하는데, 하루에 반시간만 본다고 해도 남는 시간에 명상을 할 수 있다. 아니면 집안일을 줄이거나, 아침에 좀 더 일찍 일어나거나, 가족이 외출을 할 때 집에 남아서 명상을 할 수 있을 것이다.

치타프라바는 아이들이 어렸을 때는 아침 일찍 일어나 명상을 했고, 아이들이 좀 더 나이가 들었을 때는 평일이나 주말 수련회에 참석했다. 그녀는 이런 시간을 마련함으로써 훨씬 더 좋은 엄마가 될 수 있었다고 말한다.

명상을 하면 나 자신뿐 아니라 다른 사람이 필요로 하는 것이 무엇인지 알게 되므로, 모든 면에서 긍정적이 되고 솔선수범하게 됩니다. 더욱 넓은 삶의 의미와 나의 진정한 본성을 인식하면서 기쁨과 만족과 평정심이 깊어졌고, 주변 사람에게 도움을 줄 수 있게 되었지요.

목표는 명상에서 배운 마음챙김을 생활 전반에 스며들게 하는 거예요. 마음챙김 덕분에 내가 엄마로서 어떤 식으로 아이들과 상호작용을 하고 있는지, 내가 하는 행동이 어떤 결과를 낳는지 알게 되었답니다. 같은 실수를 되풀이하는 대신 마음챙김으로 긍정적 변화가 생겨나고, 고정된 육아 방식을 버릴 수 있었죠.

부모가 되는 것은 아주 중요하고 풍요로운 경험이지만 우리 삶은 부모 역할이 전부가 아닙니다. 만일 아이 뒷바라지에만 모든 것을 바친다면 우물 안 개구리가 되겠지요. 그것은 온전한 인간이 될 수 있는 기회를 포기하는 것입니다. 나는 명상을 통해 세상을 더욱 넓게 보고, 주변 세상에 좀 더 창조적이고 자유롭고 적극적으로 반응하고, 아이들에게 덜 집착하는 엄마가 되었다고 생각합니다.

집착하면 아이들과 자연스럽게 소통하는 즐거움을 누릴 수 없기에, 항상 집착을 버리고 건전한 즐거움을 추구하려고 노력하고 있습니다.

치타프라바의 두 딸 미셸과 카라는 어렸을 때 가끔 "엄마, 명상 수련회에 갈 때가 된 것 같아요."라고 말했던 것을 기억하며 깔깔거리고 웃는다. 재미있는 것은, 불교 수행을 하는 많은 부모가 아이에게 종종 명상을 하라는 말을 듣는다는 것이다.

치타프라바는 또한 아이를 책임 있고 사려 깊은 사람으로 키우기 위해서는, 부모를 포함해 다른 사람이 필요로 하는 것을 인식하고 존중하는 법을 가르쳐야 한다고 지적한다. 아이가 어려서 자기중심적일 때는 어쩔 수 없지만 자라면서 부모에게도 자기만의 시간이 필요하다는 것을 이해시킬 필요가 있다.

치타프라바는 모든 엄마에게 매일 1분이라도 시간을 내서 자기 자신과 당장 눈앞에 보이는 것보다 더 고귀한 뭔가에 대해 성찰하라고 권한다.

매일 시간을 내서 좀 더 훌륭한 사람이 되도록 노력하십시오. 책을 읽거나 짧은 시를 외우십시오. 붓다를 위해 초를 켜고 향을 피우거나 명상을 하십시오. 무엇에서 영감을 얻을 수 있는지 생각해보십시오. 어떤 사람은 자연에서, 어떤 사람은 독서에서 배울 수 있을 것입니다. 아니면 영적 친구와 대화하거나 영적 공동체에 참여할 수도 있겠지요.

마음챙김을 하면 시간적 여유가 많아진다는 것을 기억하자. 앞에서 이야기했듯이, 집중력이 생기고 정신이 맑아지므로 시간을 효율적으로 사용하고 활력을 유지할 수 있다. 명상을 하면 질 높은 휴식을 취할 수 있기 때문에 잠을 덜 자도 피곤하지 않다고 많은 사람이 말한다.

10

마음수행

엄마는 바깥세상에서 행복을 찾지 말라는 가르침을 좀 더 수월하게 실천할 수 있는 조건에 있다. 아이가 우리를 내버려두지 않기 때문이다. 아이는 우리 마음이 정말 어떻게 생겼는지 보라며 거울을 들이민다. 그래서 때로 마음이 아름답게 보이지 않는다는 걸 깨닫고, 좀 더 분발해야겠다고 생각한다. 그렇다, 아이는 가장 까다롭고 엄격한 영적 스승이다.

나는 한 손에 아기를 안은 채 냄비를 젓다 말고 전화를 받았다. 어수선한 저녁식사 시간이라 상대방의 말소리가 잘 들리지 않았다.

"우리 올리버가 더 이상 자크를 만나지 않겠대요. 자크가 자꾸 괴롭혀서 파티에 가고 싶지 않다고 하네요. 그래서 요즘 내가 자크 엄마를 만나지 않았던 거예요. 우리 아이가 다칠까 봐 겁나서 자크 옆에 가려고 하지 않아요. 자크가 우리 아이를 못살게 구는 걸 내 눈으로 직접 본 적은 없지만, 올리버가 거짓말을 하는 것 같진 않아요. 벌써 몇 번이나 그런 이야기를 했거든요. 아마 올리버가 뛰어노는 걸 좋아하지 않아서 그런 걸지도 모르겠어요. 어쨌든 자크 엄마도 알고 있는 게 좋을 것 같아서요."

올리버는 자크의 둘도 없는 친구였다. 그 말을 듣고 보니 지난주 올리버의 네 번째 생일 파티에서 올리버가 자크를 피하면서 멀리하는 것처럼 보였던 것이 기억났다. 나는 충격과 혼란을 느끼면서 대답했다.

"알려줘서 고마워요. 이런 말 꺼내기가 쉽지 않았을 텐데 그냥 덮어두지 않고 이야기해줘서 정말 고마워요. 뭐라고 해야 할지 모르겠군요. 저도 자크가 올리버를 괴롭히는 건 본 적이 없거든요."

나는 차분하고 신중하게 대답했지만 전화를 끊자마자 어쩔 줄 몰라 하며 남편에게 달려갔다.

"문제가 생겼어요!"

네 살짜리 꼬마가 말한 것처럼 자크가 몰래 폭력을 행사했을까? 자크가 누군가에게 공격을 당하면 같이 싸운다는 것은 알고 있었다. 뛰어 노는 것을 좋아하는 자크는 때로 거칠게 행동했지만, 아무 이유 없이 누군가를 공격할 아이는 아니었다. 나는 올리버에게 화가 났다. 분명 자크를 모함해서 골려주려는 것이다! 그리고 올리버의 엄마에게도 화가 났다. 어떻게 네 살짜리 꼬맹이가 하는 말을 곧이곧대로 믿는 것일까? 하지만 다시 생각해보니 올리버 모자의 말이 맞을지도 모른다는 생각이 들었다. 혼란스러웠다.

다음 날 나는 자크의 유치원 선생님에게 전화를 했다. 그녀는 자크가 제 또래의 사내아이처럼 개구쟁이이긴 하지만, 자기보다 약한 아이를 때리는 것은 본 적이 없다고 말했다. 나는 아무래도 자크에게 솔직하게 물어보는 것이 좋겠다는 생각이 들었다. 최근 자크의 행동이 좀 과격해진 것을 느꼈지만 사내아이라서 그러려니 하고 넘어갔는데, 자기가 잘못된 행동을 하는 줄도 모르고 있을 수 있다는 생각이 들었다. 게다가 자크는 계속 올리버를 만나겠다고 졸랐다. 올리버 엄마에게 들은 이야기를 하자, 자크는 올리버를 때리지 않았다고 부인하며 올리버가 먼저 자기를 때리고 나서 제 풀에 울었다고 주장했다. 나는 진실을 알 수가 없었다.

나는 그 전화를 받고 나서 거의 하루 종일 몹시 우울했다. 저녁 뉴스에서 아프가니스탄 난민들이 물이 새는 배와 강제 수용소에서 생활하다가 2년 만에 돌아왔다는 보도를 들으면서도 내 마음은 네 살짜리 꼬마들의 사소한 다툼에 가 있었다. 자크가 더 큰 문제를 일으키지 않은 것을 다행으로 여겨야 했다. 그 정도의 공격성은 주의를 주면 사라질 것이다. 그런데 나는 왜 그렇게 과잉반응을 했을까? 왜 부정적인 생각에 매달려서 속을 끓였을까?

수행의 효과

나는 완강하게 현실을 부정하고 싶었다. 내 아이가 평화주의자처럼 행동하기를 원했고, 친구에게 상냥하고 다정한 아이가 되기를 바랐다. 나는 항상 자크가 올리버와 함께 노는 모습을 흐뭇하게 바라보았다. 무엇보다 자크가 친구 사이에서 따돌림을 받게 될지 모른다는 걱정이 앞섰다. 마음챙김으로 생각을 지켜보며 나는 자크의 일이 과거에 내가 친구에게 영문도 모른 채 미움 받고 따돌림 당했을 때 받았던 아픈 상처를 건드렸다는 것을 알게 되었다. 자크가 그런 아픔을 겪을 수도 있다고 생각하니 견딜 수가 없었다. 게다가 아직 네 살밖에 안 된 어린아이가 아닌가. 하지만 내가 이런저런 걱정으로 심란해있는 동안에도 자크는 옆집 아이들과 신나게 뛰어놀고 있었다.

만일 내가 10년 전에 그런 전화를 받았다면 펄쩍 뛰면서 올리버가 우리 아이에게 어떻게 했는지 따지고 들었을 것이다. 하지만 불교 수행을 하면서 내가 화를 내면 나 자신에게 적지 않은 피해가 돌아온다는 것을 인정하게 되었다. 불교는 부정하고 비난하고 방어하는 것과 같은 자동적 반응을 자제하고 무슨 일이 일어나고 있는지 좀 더 깊이 들여다볼 것을 가르친다. 나 자신을 방어하려고 애쓰기보다 사실을 있는 그대로 보아야 했다.

나는 내 안에서 어떤 일이 일어나고 있는지 지켜보며 나를 불행하게 만드는 모든 생각, 믿음, 감정을 확인할 수 있었다. 그 사건은 내가 무엇에 집착하고 있는지 보여주었고, 어쩔 수 없는 사실은 참고 받아들여야 한다는 것을 가르쳐준 수행의 기회가 되었다.

불교는 또한 성급하게 결론을 내리거나 자기주장을 고집하지 말라고 가르쳤다. 나는 자크가 공격적이 될 수 있다는 사실을 부정하고 싶었지만, 모든 가능성에 마음을 열고 아이의 행동을 관찰하기로 했다. 그러자 올리버의 가족을 의심하기보다 '나는 모른다'는 입장에서 문제에 접근할 수 있었다.

또한 내가 생각을 너무 복잡하게 한다는 것도 알았다. 나는 결국 주말에 시간을 내 40분 동안 명상에 들어갔다. 우선 호흡명상으로 어느 정도 고요하고 여유로운 마음에 도달했다. 그리고 최근에 배운 부정적 마음 상태에 굴복하지 않는 방법에 따라 '나는 내 마음을 바꾸겠다.'고 마음속으로 천천히 되풀이하면서 좀 더 행복해지겠다는 의지를 다졌다. 명상을 끝내고 나니 마음이 평온해지고 기분이 가벼워졌을 뿐 아니라, 사소한 일에 왜 그렇게 걱정을 했는지 의아해졌다. 현명한 우리 시어머니 말씀대로 "아이는 싸우면서 크는 법이다." 자크가 올리버를 만나고 싶다고 할 때마다 마음이 아플지 모르지만 그것 또한 지나가리라.

평화로운 엄마 되기

14세기 인도의 고승 샨티데바는 엉겅퀴, 가시, 바위로 무성한 세상을 전부 가죽으로 덮으려 하지 말고 신발을 신으라고 말했다. 마찬가지로 세상을 바꾸려하는 대신 우리 마음을 바꾸면 되지 않겠는가? 하지만 세속의 무상함을 배우기까지는 오랜 시간이 걸린다. 고통과 불만을 피하면서 살고자 하는 비현실적인 희망을 쉽게 포기하지 못하기 때문이다. 우리에게는 오랜 세월에 걸쳐서 만들어진 습관과 뿌리 깊은 망상이 있다. 어떤 망상을 인식하고 제거하기까지는 오랜 시간 마음챙김을 수행해야 할지도 모른다. 우리는 수시로, 바깥세상은 지속적이고 확실한 행복을 전달하지 못한다는 걸 상기하고, 내면의 평화를 추구해야 한다. 불교에서는 연애, 부, 업적, 관계 등등 우리가 집착하고 매달리는 것은 모두 불행의 원인이 된다고 가르친다. 행복해지기 위해서는 세상이 아닌, 우리의 마음을 바꾸어야 한다.

엄마는 바깥세상에서 행복을 찾지 말라는 가르침을 좀 더 수월하게 실천할 수 있는 조건에 있다. 아이가 우리를 내버려두지 않기 때문이다. 우리는 어쩔 수 없이 바깥세상으로 나가는 것을 포기하고 비 오는 날에는 거실에서, 화창한 날에는 놀이터에서, 흐린 날에는 쇼핑몰에서 시간을 보낸다. 덕분에 다른 곳으로 눈을 돌리지 않고 우리 내면에서 행복을 찾을 기회를 얻는다. 그리고 종종 아이가 우리 마음이 정말 어떻게 생겼는지 보라며 거울을 들이민다. 그래서 때로 마음이 아름답게 보이지 않는다는 걸 깨닫고, 좀 더 분발해야겠다고 생각한다. 그렇다, 아이는 가장 까다롭고 엄격한 영적 스승이다.

아이는 끊임없이 우리를 시험에 들게 한다. 아이의 성장 단계에 따라 부모의 대처 방식과 능력은 붓다의 가르침을 실천하겠다는 의지와 함께 달라질 수 있다. 불교 수행으로 어느 정도 내면의 평화에 도달하면 외부에서 일어나는 일에 과도하게 흥분하거나 화를 내지 않게 된다. 외부의 사건과 반응 사이에 어느 정도 간격을 두면, 아이를 감정적으로 대하지 않아 훌륭한 역할 모델이자 자상한 부모가 될 수 있다.

붓다의 가르침을 실천에 옮기기 시작하면 우리 삶의 여러 측면이 현저하게 개선되는 것을 느낄 것이다. 어떤 변화는 수월하게 진행된다. 이웃에게 친절해지고, 가족에게 다정해지며, 긍정적인 사고방식을 갖게 된다. 아주 짧은 시간 안에 삶이 변화하는 것을 느끼게 된다. 하지만 어떤 변화는 오랜 시간이 걸릴 수 있으므로, 정체 상태에 대해서도 마음의 준비를 해야 한다. 우리 마음에서 부정적인 생각을 몰아내고 상처 준 사람을 용서하기 위해서는 몇 해가 걸릴지도 모른다.

영적인 길을 가는 여행은 탄탄대로가 아니다. 인생에 부침이 있는 것처럼 우리가 가는 길에도 굴곡이 있다. 처음에는 정서적으로 더 힘들어질 수도 있다. 숨어있거나 억눌려있던 상처가 드러나면서 불편하고 예기치 못한 감정 반응이 일어날 수 있기 때문이다. 오랜 세월 내면의 고통을 소홀히 하거나 부정해왔다면 무엇보다 마음을 치유하는 것이 가장 급선무다. 삶의 기쁨을 방해하는 것들을 내면에서 솟아나오는 샘물로 깨끗하게 씻어내야 한다.

수십 년간 불교를 수행하고 가르쳐온 잭 콘필드는 유명한 저서 『깨달음 이후의 세탁*After the Ecstasy, the Laundry*』에서 이렇게 쓰고 있다.

수행을 시작하는 사람은 대부분…… 깊은 평화와 새로운 사랑의 느낌에 앞서 상실감, 폐쇄, 두려움 또는 배신감을 만나며…… 그 후에 비로소 평정과 기쁨이 찾아온다.

수행은 고통을 피하는 도피처가 될 수 없으며, 처음에는 오히려 우리를 고통 속으로 밀어넣을 수 있다. 하지만 시간이 지날수록 마음이 점점 건강해지면서 모든 생활이 서서히 개선된다.

더 나은 세상을 위하여

명상의 효과가 그렇게 확실하다면 오로지 명상만 열심히 하고 불교에 대해서는 잊어버려도 되지 않을까? 많은 사람이 건강과 스트레스 해소를 위해 또는 목표 달성에 도움이 되기를 기대하며 열심히 명상을 하고 있다. 하지만 이런 의문이 생긴다. '나는 어떤 세상에서 살기를 원하는가?' 일등이 되면 좀 더 편하게 살 수 있는 세상을 원하는가? 아니면 서로에게 관심을 갖고, 공동체를 위해 봉사하며, 사랑하고 돕는 세상을 원하는가?

현대 사회에서 고독과 공동체 의식의 부재를 해결하는 한 가지 방법은 우리 자신과 우리가 속한 세상 너머를 생각하는 것이다. 나는 명상이 단지 좀 더 높은 의식 상태를 달성하고 개인적 상처를 치유하는 것에 그치지 않고, 모든 사람이 서로 연결되어있다는 것과 인간 존재의 소중함과 나약함을 인식하는 운동의 일부가 되기를 원한다. 불교에서 다른 사람에게 측은심을 갖는 것은 신성과 연결하는 방법이다.

우리는 말로서는 진리의 위대함을 표현할 수 없다는 사실을 간과하고 있다. 말은 암시를 줄 수 있지만 우리가 경험하고 실현할 수 있는 가능성을 표현하기에는 부족하다. 불교는 우리가 사랑을 통해 감정과 이성적인 사고를 뛰어넘어 훨씬 더 위대해질 수 있으며, 인간은 각자 스스로 생각하는 것보다 훨씬 더 큰 잠재력이 있다고 가르친다. 불교 수행은 삶의 고통과 불완전함을 인정하면서, 또한 희망을 발견하는 시간을 제공한다. 분명 이런 이유 때문에 불교가 그렇게 빨리 성장하고, 널리 전파될 수 있는 것이다.

역자 후기

  엄마가 되어 아이를 키우는 일은 우리 인생에서 가장 큰 축복이자 더 없는 기쁨입니다. 인류의 미래를 책임질 세대를 돌보는, 세상에서 가장 중요한 일이기도 합니다.

  하지만 아이에게서 잠시도 눈을 뗄 수 없고 항상 대기 상태에 있어야 하는 엄마는 하루하루가 긴장의 연속입니다. 모든 일정을 아이에게 맞추어야 하니 자유롭게 자기계발이나 취미생활을 할 수도 없습니다. 직장에 나가는 엄마는 일과 육아를 병행하느라 쉴 틈이 없고, 직장에 나가지 않는 엄마는 시대에 뒤떨어지고 사회에서 소외되는 것처럼 느껴집니다. 아기와는 서로 도움과 위로를 주고받는 관계가 아니라 일방적으로 주기만 하는 관계이기 때문에 종종 외로움을 느끼고 우울증에 빠지기도 합니다. 아이를 위해 존재할 뿐 엄마 자신은 사라지고 없는 것 같습니다.

  아기에게는 신비로운 능력이 있습니다. 엄마가 아무리 감정을 드러내지 않으려고 해도 아기는 금방 알아차립니다. 엄마가 기분이 우울하면 아이는 불안을 느끼고 떼를 쓰거나 말썽을 부립니다. 아니면 면역력이 약해져서 잔병치레를 합니다. 엄마 뱃속에서 세상 밖으로 나왔지만 아직 엄마와 하나로 연결되어있는 것 같습니다. 최근 속속 새로운 사실이 밝혀지고 있는 뇌 과학 연구에 의하면, 아기는 태어날 때부터 감정 뇌가 발달해있으며 이성뇌는 몇 년에 걸쳐 서서히 발달한다고 합니다. 그래서 아이는 감정적으로 예민하게 반응하는 한편 아직 감정을 조절할 수 없습니다. 따라서 엄마가 정서적 안정을 주고 감정을 조절하는 법을 가르쳐주어야 하는데, 그러자면 무엇보다 엄마의 마음이 편안하고 행복해야 합니다.

　이 책은 불교의 가르침을 빌려 엄마에게 부정적인 감정을 다스리고 마음의 평화를 얻는 법을 이야기하고 있습니다. 아이 키우는 일은 불교에서 추구하는 수행이 될 수 있다고 필자는 말합니다. 무조건적인 사랑과 용서와 인내를 요구하는 엄마라는 역할에 충실하다보면 자연히 부처님의 가르침과 진리에 가까이 가게 됩니다. 또한 아이의 눈으로 세상을 보면서 새롭게 태어나는 경험을 합니다. 우리 삶에서 정말 중요한 가치가 무엇인지 알게 되고, 모든 생명체에 대한 동정심이 생겨납니다. 아이를 돌보고 보살피면서, 엄마 자신도 개인적으로 성장하고 진정한 자기 자신을 발견하는 것입니다.

다시 말하지만, 아이가 마음과 몸이 건강한 독립적인 인격체로 자라기 위해서는 어린 시절 부모에게서 얻는 정서적인 안정감이 무엇보다 중요합니다. 정서적 안정이 바탕이 되어야만 감정과 이성이 조화를 이루며 발전하게 됩니다. 엄마는 어느 날 아이가 어느새 훌쩍 자라버린 것을 알게 되고, 엄마의 보살핌을 필요로 하던 시간이 이제 다시 오지 않는다는 사실에 뿌듯하면서도 아쉬운 마음이 들 것입니다. 그때 아이와 함께 한 순간들을 소중한 추억으로 돌아볼 수 있으려면 지금 엄마가 행복해져야 합니다. 엄마가 행복하면 아이가 행복하고, 이 세상이 행복해집니다.

아이와 자신을 평온하게 돌보는 법

엄마가 부처다

첫판 1쇄 펴낸날 2010년 9월 20일

지은이 | 새러 납달리
옮긴이 | 노혜숙
펴낸이 | 박성규
펴낸곳 | 도서출판 아침이슬
등록 | 1999년 1월 9일(제10-1699호)
주소 | 서울 은평구 신사동 25-6 예동빌딩 3층(122-080)
전화 | 02) 332-6106
팩스 | 02) 322-1740
이메일 | 21cmdew@hanmail.net

ISBN 978-89-6429-112-2 03370